GRAMSCI O EL SUICIDIO DE LA REVOLUCIÓN

Introducción de Luigi Francesco Clemente
y traducción de Gerardo Losada

Augusto Del Noce

GRAMSCI O EL SUICIDIO DE LA REVOLUCIÓN

Introducción de Luigi Francesco Clemente y
traducción de Gerardo Losada

prometeo
libros

Del Noce, Augusto

   Gramsci o el suicidio de la revolución / Augusto Del Noce ; editado por Micaela Cuesta. - la ed. - Ciudad Autónoma de Buenos Aires : Prometeo Libros, 2020..

   120 p. ; 23 x 16 cm.

Traducción de: Gerardo Losada.

   1. Marxismo. 2. Ciencia Política. 3. Filosofía Política Contemporánea. I. Cuesta, Micaela, ed. II. Losada, Gerardo, trad. III. Título.

CDD 320.5315

Director de colección: Mario Greco
Cuidado editorial: Micaela Cuesta y Pasquale Serra
Diagramación: Patricia Bulla
Corrección: Paula Amartino

Este libro ha sido publicado gracias a la contribución para la traducción del Ministerio de Relaciones Exteriores y de la Cooperación Internacional Italiano.

Questo libro è stato tradotto grazie ad un contributo alla traduzione assegnato dal Ministero degli Affari Esteri e della Cooperazione Internazionale Italiano.

© Augusto Del Noce, *Il suicidio della rivoluzione*, Milán, Rusconi, 1992.

Índice

PRESENTACIÓN [1]

Por Luigi Francesco Clemente

La tarea que le queda hoy al filósofo es la del desciframiento de una crisis.

Augusto Del Noce

Al acercarse a un texto como *Il suicidio della rivoluzione*, deben tenerse en cuenta al menos tres cosas. Primer punto. El autor, Augusto Del Noce, no es un marxista, ni en general un pensador de izquierda, se trata más bien de uno de los máximos filósofos católicos italianos de la segunda mitad del siglo XX, cercano al Partido de la Democracia Cristiana, y reconocido, entre otras cosas, por su radical anticomunismo. Segundo punto. Cuando comienza a escribir sobre Gramsci, en los comienzos de los años setenta, Del Noce ha llegado, desde hace tiempo, a la plena madurez de su pensamiento, cuyos orígenes se remontan a unos cuarenta años antes, y por lo tanto a la elaboración de algunas de sus tesis más conocidas. Tercer punto. Estas tesis nacen, se desarrollan y articulan en contacto con la historia y la actualidad política italiana e internacional, lo cual hace problemática la reducción de éstas a un puñado de fórmulas: la obra de Del Noce se compone de múltiples estratos, en sentido diacrónico, con cada etapa que resume y profundiza por retroacción la etapa precedente. Por esto, no se entendería nada de su interpretación de Gramsci si se la separase del itinerario de pensamiento que la ha elaborado: el texto sobre Gramsci no es una obra en sí, sino que representa, por así decir, el resultado de una reflexión desarrollada en el trascurso de décadas.

Hay que recordar, luego, un elemento contextual sin el cual, precisamente en virtud de los tres puntos mencionados, se corre el riesgo de pasar por alto el sentido de la operación cumplida en *Il Suicidio della rivoluzione*: en 1973, en un momento extremadamente delicado de la situación política italiana e internacional, el secretario del Partido Comunista italiano, Enrico Berlinguer, proponía la idea de un "compromiso histórico" con la Democracia Cristiana, con el objetivo de crear un sistema de alianzas con orientación progresista, capaz de mitigar el peligro de una deriva autoritaria del país y contrastar la estrategia de la tensión, comenzada

---

[1] Traducción de Alejandro Gutiérrez.

con la masacre fascista de *Piazza Fontana*, en Brescia, el 12 de diciembre de 1969. Ahora bien, en forma subyacente al texto que aquí presentamos, se encuentran las ásperas discusiones internas al Partido Democristiano en torno a la propuesta de Berlinguer (entre el presidente, Aldo Moro, a favor, y el secretario Amintore Fanfani, en contra). Entre los intelectuales democristianos contrarios al "compromiso histórico" se encuentra Del Noce. En una carta del 30 de agosto de 1974, enviada al historiador del fascismo Francesco Perfetti, el filósofo expone su perplejidad sobre las evoluciones políticas en curso: "Muchos democristianos –se lee– piensan que no hay obstáculos ideológicos para la colaboración con el PCI. [...] Esto demuestra su terrible ignorancia. El PCI no es el de Lenin, Stalin, Mao, y no piensa en la conquista violenta del Estado. Sigue la línea teorizada por Gramsci y luego adaptada a la práctica por Togliatti: la hegemonía se puede alcanzar conquistando la sociedad civil, concebida superestructuralmente y culturalmente".

En la misma carta, Del Noce comunica al amigo de haber sido contactado directamente por Fanfani con la solicitud "de redactar un librito que podría tener la característica inicial de una refundación cultural de la DC". Ya este hecho da testimonio del espesor teórico de Del Noce, su presencia en los debates públicos de la época, su compromiso y su postura político-cultural, reconocida no sólo por los católicos, sino también por sus mismos adversarios (uno de muchos, Norberto Bobbio, que en las páginas de la "Nuova Antologia" le dedicará un apasionado homenaje al momento de su muerte, en 1989).[2] Sin embargo, el librito no verá jamás la luz; en su lugar tendremos los ensayos recogidos en 1978 en *Il suicidio della rivoluzione*.[3]

En las páginas que siguen intentaré rastrear, en modo inevitablemente parcial e incompleto, y a partir de la cuestión que se encuentra en su origen, las líneas de fondo de la reflexión delnociana, sin cuyo conocimiento, por los motivos mencionados previamente en la apertura, los análisis dedicados a Gramsci perderían gran parte de su originalidad y de su interés, incluso (y sobre todo) para quien, desde la izquierda, intente estudiarlos.

---

[2] Tomo directamente de Bobbio algunos datos biográficos de orientación para el lector: "Augusto Del Noce –fallecido en Roma a la edad de 79 años en la noche entre el 29 y el 30 de diciembre de 1989– fue uno de los maestros del pensamiento universitario, cuyo nombre ha superado las empalizadas y las especializaciones. Su polémica contra la secularización y contra el laicismo –de firmes fundamentos católicos– ha sido el centro de muchos debates culturales de los últimos 15 años. La carrera académica es lineal: Docente libre [equivalente a la *habilitation* francesa, N. de T] de historia de la filosofía en 1948 (había nacido en Pistoia en 1910 [pero había crecido en Torino]), en lo sucesivo encargado ordinario de Historia de la filosofía moderna y contemporánea en la *Università di Trieste*, finalmente docente en la Facoltà di Scienze Politiche de la Università di Roma. Sus obras más importantes son: *Riforma cattolica e filosofia moderna: vol. I: Cartesio e la politica*, Il mulino, Bolonia, 1965; *Il problema dell'ateismo*, Il Mulino, Bolonia, 1964; *Il problema politico dei cattolici*, Rusconi, Milán, 1967; *L'epoca della secolarizzazione*, Giuffré, Milán, 1967; *Il suicidio della rivoluzione*, Rusconi, Milán, 1978; *Il cattolico comunista*, Rusconi, Milán, 1981. Su último trabajo es una monumental monografía filosófica dedicada a Giovanni Gentile" (N. Bobbio, *Chi era Augusto Del Noce*, en "Nuova Antologia", enero-marzo de 1990, pp. 231-232) Para la carta a Perfetti, cfr. F. Perfetti, *Del Noce inedito*, en "Libero", 16 de enero de 2008).

[3] Los ensayos son: "Giacomo Noventa è 'l'errore della cultura'"; "Gentile e Gramsci"; "Il problema della definizione storica del fascismo"; "Gramsci, o il suicidio della rivoluzione"; "Idee per l'interpretazione del fascismo".

1. Catolicismo y modernidad

Partamos, por lo tanto, de la cuestión que se encuentra en los orígenes del tortuoso itinerario de pensamiento de Augusto Del Noce: la exigencia –que ha madurado luego de la lectura de *Umanesimo integrale* de Jaques Maritain en la época de la invasión fascista de Etiopía, en 1936 – de reconciliar catolicismo y modernidad. Por una parte, en efecto, Maritain mostraba al joven Del Noce la necesidad de liberar a la filosofía católica del "sueño romántico del Sacrum Imperium", lo cual, desde la Época de la Restauración, la había puesto en oposición a la sociedad moderna, terminando por dejarla en una posición residual de mera reacción; por el otro lado estaba el problema del consenso con respecto al régimen de Mussolini por parte de muchos católicos, los cuales entreveían un posible aliado en la lucha en contra de la modernidad bajo el signo de la superación del liberalismo burgués.

Al respecto, parecía paradigmática la figura, fuertemente comprometida con el régimen, del rector de la Università Cattolica di Milano, Padre Agostino Gemelli, sobre el cual Del Noce volverá en distintas ocasiones, indicándolo como el principal exponente del "clericalismo maquiavélico" dispuesto a aliarse con el "romanismo fascista" en función antimoderna, en la perspectiva, absolutamente miope, de tomar las riendas. Por otra parte, en esta oposición suya al clericalismo no debemos leer la reivindicación de un cristianismo anti-clerical o modernista a la Romolo Murri; al contrario, en el arco de toda su reflexión filosófico-política, él permanecerá firme en sostener la autonomía del catolicismo respecto de estas alternativas. Alternativas que, a sus ojos, compartirían el mismo marco teórico. ¿Cuál?

Un primer elemento de originalidad de la propuesta especulativa de Del Noce se encuentra probablemente en la respuesta que él intenta articular respecto de esta pregunta. Desde su punto de vista, aquella entre modernistas y antimodernos, entre Murri y Gemelli, es una falsa alternativa desde el momento en que se inscribe dentro de un mismo paradigma conceptual, inadecuadamente problematizado. Se trata de uno heredado de la tradición filosófica idealista que se puede resumir en la fórmula crociana de la modernidad como historia de la libertad, vale decir, como afirmación, que comienza con Descartes y culmina en el idealismo, de una racionalidad emancipada de la fe religiosa, identificada como augurio de falta de libertad y prejuicio.

Es así que, según Del Noce, para salir de la alternativa modernismo-antimodernidad, es necesario comprometerse en una profunda obra de revisión del canon historiográfico heredado del idealismo, mostrando, antes que nada, la unilateralidad del corte entre libertad y conciencia religiosa que éste ha llevado a cabo con su interpretación de lo Moderno. En otras palabras, la conciliación entre catolicismo y modernidad debe pasar a través de un profundo replanteo de la historia de la filosofía moderna.

De aquí la postura absolutamente singular de Del Noce, el cual hace de la historia de la filosofía, y más en general de la reflexión sobre la historia, el lugar mismo del trabajo filosófico. El momento filosófico y el momento historiográfico son en Del Noce totalmente inseparables, uno es la otra cara del otro: no ver éste punto –como ha escrito Claudio Cesa– lleva a "mutilar su obra hasta hacerla irreconocible, o peor (sería injusto) insignificante".[4]

Tal postura es reivindicada, por ejemplo, en la amplia introducción a su *opus magnum*, *Il problema dell'ateismo*, de 1964:

> En la perspectiva que propongo se puede muy bien devenir filósofos a través de la historia de la filosofía. En la crítica de una filosofía se puede partir de la historia de la filosofía a la que debe dar lugar, y esto en la medida en que le es imposible explicar esta o aquella otra forma de pensamiento. Digamos que hoy la investigación de la filosofía a través de la historia se impone como posición necesaria porque la multiplicidad que no se puede unificar de las filosofías y la abstracta posibilidad de su indefinida multiplicidad lleva a considerar la génesis real de los términos que habitualmente utilizamos.[5]

En efecto, no hay página de Del Noce que se desvíe de tal enfoque; en él, las doctrinas filosóficas (las "esencias filosóficas", según su terminología) están constantemente puestas a prueba en la historia de la cual forman parte, y viceversa, la dimensión histórico-política no se encuentra jamás sin relación con la tradición filosófica que la hace pensable: es en relación con la actualidad histórica que los problemas filosóficos pueden ser reconocidos en su verdadero sentido. Lo que explica la extrema dificultad de lectura y de acercamiento a su obra. Una poco académica, por las líneas de investigación aparentemente dispares (del cartesianismo al marxismo, pasando por los estudios sobre fascismo, la secularización, la sociedad opulenta, etc.), muy atenta a interceptar las evoluciones de la sociedad contemporánea, pero al mismo tiempo con intención de identificar la lógica profunda y las causas a largo plazo; una obra de forma editorial dispar en sí misma, compuesta de libros, ensayos, artículos, traducciones, curadurías (Descartes, Chestov, Voegelin, Noventa, Laporte, etc.), pero también compuesta de entrevistas e intervenciones en la prensa; una obra, por lo tanto, que puede parecer demasiado "impura", demasiado pobre de teoría a los ojos de quien piensa la filosofía en términos de construcción sistemática y demasiado pobre de historia a los ojos de aquellos que, cayendo en la ideología idealista, piensan la dimensión histórica como algo que puede absorberse por el discurso filosófico.

2. Lo moderno como conflicto entre Agustín y Pelagio

Si ahora vamos a ver desde más cerca el movimiento teórico llevado a cabo por Del Noce, no podemos no identificar la radical originalidad. Ya que si es verdad que la reconciliación entre catolicismo y modernidad debe pasar, según Del Noce, a través de la revisión del canon idealista, es asimismo verdadero que para el filósofo turinés el núcleo de esta operación, ya de por sí absolutamente inédita, gira en torno a la puesta en discusión del verdadero dogma del pensamiento católico, el cual consiste

---

[4] C. Cesa, "Augusto Del Noce e il pensiero moderno", en *Giornale critico della filosofia italiana*, 2, 1993, p. 185.

[5] A. Del Noce, *Il problema dell'ateismo*, Il Mulino, Bolonia, 1990, p. 87.

en el anticartesianismo. Al contrario, para Del Noce, entre los principales motivos del progresivo divorcio entre catolicismo y modernidad se encuentra precisamente este tema del anti-Descartes, tema que evidentemente se mueve completamente, limitándose a invertirlo, dentro del enfoque idealista que hace de Descartes el iniciador del giro racionalista, inmanentista y, en última instancia, secularizante de la tradición filosófica. Paradojalmente, se podría decir que, a los ojos de Del Noce, los antimodernos conceden demasiado a sus adversarios. Es decir: comparten el aparato categorial. Aquello que no ven es que la relación antimoderna es el simple reverso de aquello que cuestiona, no su superación.

Y este es el punto: Del Noce está de acuerdo con la tradición idealista en identificar en Descartes al iniciador de la modernidad. No hay modernidad sin *cogito* y, por lo tanto, sin el reconocimiento del valor de la subjetividad y de su libertad. Sin embargo –al contrario de esta tradición (y más en general de *todas* las interpretaciones de lo Moderno que, incluidas las de Heidegger y Löwith, dependen de este punto)– él no piensa que tal inicio sea homogéneo, cohesionado en su interior, sin residuos ni ambigüedades. Motivo por el cual no es homogénea, cohesionada en su interior, sin residuos ni ambigüedades, la historia que se desarrolla a partir de éste. La tesis de fondo de Del Noce es que desde Descartes se desarrolla no una, sino *dos* herencias, ambas irreductibles, pero por vías opuestas, a la metafísica medieval, escolástica: una línea católica, que va de Malebranche a Rosmini y una línea inmanentista (o "racionalista", en la terminología delnociana),[6] que culmina en el ateísmo marxista. Consecuencia ideológico-política: la revisión del paradigma dominante haría autónomo el discurso político católico, en la medida en que es él mismo hijo de la modernidad post-cartesiana, pero con presupuestos antropológicos y valores opuestos e irreductibles a aquellos del racionalismo. Junto a la línea racionalista, habría, en efecto, otra "que procede también ella de Descartes y que recupera progresivamente, profundizándolas, las grandes tesis tradicionales del pensamiento greco-cristiano; comienza históricamente con Malebranche, el continuador agustiniano de Descartes, el cual encontró su continuación más bien en Italia antes

---

[6] Por "racionalismo" Del Noce entiende el proceso, acaecido en distintas formas, de gradual erosión de la trascendencia y supresión dogmática de lo sobrenatural, en primer lugar como inmanentización de lo divino, luego, en el límite de su coherencia, como ateísmo radical. Se trata, evidentemente, de una tendencia en neto contraste con el cristianismo. Y esto porque ha subvertido los presupuestos antropológicos que consienten a la experiencia humana de abrirse a la dimensión de la Revelación y de la Encarnación; presupuestos que remiten, en última instancia, a la concepción bíblica del pecado, a aquella condición existencial propia de lo humano que los Padres de la Iglesia definían como *status natura lapsae*. Este tema de la caída, que Del Noce lee no sin una tonalidad existencialista, indica que la humana es una condición innatural, patológica, de la cual el hombre no puede salir solamente con sus fuerzas: la experiencia del mal, escándalo para la razón, no le es integrable y, por lo tanto, resoluble. Con el racionalismo, al contrario, es precisamente el tema de la caída, y por ende de la innaturalidad de la condición humana, lo que desaparece: aquí está su presupuesto no problematizado, su postulado "pelagiano". Esto, así afirma Del Noce en 1947, "coincide con la asunción actual del hombre como su condición normal". E incluso, luego de casi veinte años: "El racionalismo –leemos en la Introducción al *Il problema dell'ateismo*– no puede conducir a nada más que a la afirmación de la normalidad de la situación humana".

que en Francia, primero en Vico, luego en la cultura saboyano–piamontés, desde Gerdil hasta Gioberti y, precisamente, en Rosmini".[7]

En el ensayo "Problemi del periodizzamento storico", de 1954, Del Noce sostiene que "la filosofía de Descartes es incompleta".[8] Esto, explica, no significa que le falten algunos capítulos, sino que no satisface ni a las filosofías religiosas ni a las laicas, tanto como para mostrarse como la filosofía menos religiosa de las primeras y, en simultáneo, menos laica de las segundas. En efecto, la filosofía cartesiana se habría edificado en oposición al ateísmo de su tiempo –el libertinaje–, y esto gracias a la recuperación, en la forma del cogito, de la idea agustiniana de la trascendencia del hombre sobre la naturaleza y sobre la historia. Pero, al hacer esto, la habría radicalizado en sentido negativo: el hombre es libertad y *no* es naturaleza; independiente de la historia, él será tal también respecto de la naturaleza, que domina con *sus* propias fuerzas, recurriendo a la ciencia y a la técnica y poniendo en segundo plano el tema cristiano de la Gracia. En definitiva, según Del Noce, "el acento de su antinaturalismo llevaba a la capacidad de liberarse, a través de la libertad, del pasado. Por lo tanto, ¿también de los rastros de la naturaleza caída? [...]. El cartesianismo lleva nuevamente a poner en cuestión la situación del hombre, considerada en función del pecado original".[9] Es así que, por una extraña heterogénesis de los fines, en el comienzo (agustiniano) de Descartes y de lo moderno, habría vuelto a la vida aquello que ha sido uno de los más grandes adversarios de Agustín: vuelve Pelagio.

De aquí la inaudita "novedad de Descartes" y su "singularidad sin análogos"[10] respecto de sus contemporáneos: todas las fórmulas empleadas por Descartes serían fórmulas agustinianas, *pero* despojadas de la polémica antipelagiana que refiere al tema del pecado, de la caída y de la gracia. Y esto, según Del Noce, explicaría la extraña paradoja de su pensamiento; es decir, que quien es ya creyente identifica en éste una función apologética ("la filosofía de Descartes es la primera filosofía que se haya formado *en contra* del ateísmo"); mientras que quien no es creyente se detiene sobre su poder de negatividad, donde las dos lecturas deben elidirse, no porque sean falsas, sino porque son "ambas completamente verdaderas".

La tensión interna del cartesianismo deviene, de este modo, la tensión de la modernidad misma, ya que, si es verdad que, con Descartes, Agustín no sale de escena (al contrario, es como si viviese una segunda vida, aunque problemática), es igualmente verdadero que se abre el hueco para "la revancha de Pelagio". Un motivo más para problematizar la presunta linealidad que el canon impuesto a partir del siglo XIX ha identificado en lo moderno. Tal canon resulta, en efecto, doblemente problemático: no sólo porque la modernidad no se resuelve y no se mueve única-

---

14

mente por la línea que va desde Descartes hasta Hegel y más allá, hasta Nietzsche; sino también porque esta misma línea, lejos de ser una negación pura y simple de la falta de libertad religiosa, no habría sido posible sin el descubrimiento religioso del pelagianismo en el seno del giro cartesiano.

Es evidente que de este modo Del Noce hace mucho más que revisar un capítulo, si bien central, de la historia de la filosofía. Esta lectura de la doble filiación post-cartesiana, le permite, en efecto, no sólo responder a todos los que piensan la religión, incluidos los católicos reaccionarios, como una cosa del pasado; le permite, más bien, (a) poner en crisis la "visión habitual de un proceso histórico dirigido a la separación entre filosofía y teología",[11] y por tanto (b) reconfigurar el *marco* mismo de los conflictos internos a la modernidad. Y esto porque tales conflictos no habrían acabado en absoluto con el discurso religioso, desde el momento en que parecerían repetir, según modalidades e intensidades diferentes, un módulo teológico ya visto: el conflicto entre agustinismo y pelagianismo sobre la autosuficiencia del hombre respecto de la Gracia.

Se trata, indudablemente, de una operación no exenta de consecuencias, en tanto que, lejos de jugar a la defensiva, invierte las categorías habituales con las cuales estamos acostumbrados a leer la modernidad, o mejor: muestra cómo estas categorías no son aquello que dicen ser, una ruptura completa con la religión. Que esta ruptura tuvo lugar es indudable, que fue impuesta como eje principal de la historia moderna, también esto es indudable; menos seguro, parece agregar Del Noce, es que se trate de una ruptura madurada por fuera de *cualquier* dimensión religiosa. El ateísmo mismo, en tanto resultado y completa clarificación del racionalismo, tendría origen en aquella que él llama una "opción", un acto de fe invertido: el rechazo apriorístico de lo sobrenatural y de la condición "innatural" del ser humano. Pero si las cosas son así, entonces, según Del Noce, se vuelve no sólo posible, sino incluso necesario, reafirmar las razones del cristianismo en contra de los sostenedores de su marginalidad, al borde de su inexistencia de derecho en la Edad moderna, no sólo filosófica, sino (ante todo) política.[12]

---

[11] Id., *Il problema dell'ateismo*, cit., p. 65.

[12] Se podría agregar que para Del Noce la Edad moderna, lejos de ser la Edad del racionalismo y del ateísmo, es exactamente la época del problemático asunto del conflicto entre "opción atea", hasta una fase terminal, aquella que en un célebre ensayo de 1958 Galbraith ha definido como la entrada en la *sociedad opulenta*, y que, en *Il problema dell'ateismo*, Del Noce analiza en términos de irreligión natural, donde es exactamente este conflicto el que es neutralizado desde la raíz. Precisamente, en relación con este último punto, vemos aquello que probablemente representa el elemento de debilidad de la operación llevada a cabo por Del Noce. Esta operación, en efecto, puede funcionar *en la medida en que* el cuadro que permita articular sea un cuadro "religioso", al menos uno que considere la religión como un elemento más o menos influyente –importa poco si en términos positivos o negativos– en la experiencia de las personas. Pero ¿qué sucede cuando el orden simbólico, como Del Noce no dejará de evidenciar hablando de la sociedad opulenta, cambia en dirección hacia una indiferencia cuasi-natural al hecho religioso en tanto tal, cuando también el pelagianismo, en *todas* sus formas modernas, resulta derrotado, o más simplemente, queda sin influencia sobre el imaginario social? Con una observación, podríamos decirlo en estos términos: Rosmini y Marx, claramente no son compatibles en nada; pero al menos comparten una cosa: el hecho de tomar en serio la dimensión religiosa, tanto que para el joven Marx la crítica de la religión representa el presupuesto de toda

3. Una filosofía que se hace mundo: la confrontación con Marx

Dentro de este esquema se inserta la confrontación, puesta en marcha por Del Noce, inmediatamente luego de la segunda posguerra, con el marxismo. En efecto, si hay una referencia constante en el itinerario filosófico de Del Noce, es a Marx, con su *conjunta* herencia política, histórica y filosófica. En el campo de los intelectuales católicos italianos, no son muchos aquellos que, al igual que Del Noce, han tomado tan en serio la fuerza filosófica de Marx; de hecho, se podría sostener que su posición es no sólo rara, sino incluso única, puesto que ningún otro filósofo (católico) llegará a identificar precisamente en el marxismo, y en su parábola, la clave para entrar teóricamente en el siglo XX. Que es exactamente lo que el filósofo turinés sostendrá incluso en un ensayo de 1983, titulado "Analisi e autopsia dell´ "ultima rivoluzione"":

> El sujeto de la historia contemporánea es la filosofía de Marx en las características por las cuales es distinta a toda otra; distinta en tanto es filosofía que pretende hacerse mundo.[13]

Aquí hay una tesis teóricamente muy exigente, que para ser comprendida necesita de un largo desvío a través de las líneas de fondo de la lectura delnociana. En particular, es a las tesis sobre Feuerbach que, en manera más o menos explícita, Del Noce vuelve constantemente, de los artículos de los años cuarenta a las intervenciones de los años ochenta, hasta captar el significado *filosófico* último del marxismo: "la a-teologización de la razón" que se expresa en la "caída de la precedencia de la esencia hombre sobre el hombre existente",[14] y por lo tanto el pasaje de una concepción de la filosofía como comprensión de la realidad, que es eventualmente consecuencia de un momento práctico-aplicativo, a un concepto de filosofía como revolución, que piensa lo real en la medida en que lo transforma.

Desde este punto de vista, el marxismo representa, según Del Noce, la recuperación en un sentido completamente nuevo de la pretensión hegeliana de la reconciliación de real y racional, no como comprensión o revelación de una totalidad ya dada, sino en tanto realización práctica de la totalidad. Y es precisamente por esto que Del Noce define la filosofía de Marx como "no-filosofía": se trata de la superación de la filosofía en dirección a su realización histórico-política, y por lo tanto la elevación de la política a lenguaje, terreno de prueba y principio de verificación, de los conceptos filosóficos, entendidos como hipótesis de trabajo. "La crítica filosófica coincide por esto con la revolución. Es este el sentido del nexo marxista de teoría y práctica".[15]

---

crítica. Si, viceversa, el fenómeno religioso cae en la insignificancia, la operación delnociana corre el riesgo de ser desmantelada de raíz, o –cosa que efectivamente sucederá con numerosos discípulos suyos– reducirse a una posición de simple retaguardia.

[13] A. Del Noce, "Analisi e autopsia dell' 'ultima rivoluzione'", en *Prospettive del mondo*, 83-84, 1983, p. 84.

[14] Id., *Il problema dell'ateismo*, cit., p. 244.

[15] *Ibid.*, p. 249.

Cae, de este modo, la idea de participación de origen platónico y agustiniano, según la cual la razón humana se mide por la presencia, en tanto valor o como idea de Dios en mí, de lo universal y de lo trascendente. "Y con la idea de participación el pensamiento pierde todo carácter revelado para convertirse en actividad transformadora de lo real. Y se ve además cómo la tesis de la inversión de la praxis significa la radical inversión de la ideología platónica-agustiniana: no respondo al mundo por la idea presente en mí, sino que mis ideas son la articulación de mi sentido de reacción al mundo". Consecuencia: mientras que para la tradición platónica "el cambio de la sociedad se planteará como consecuencia del cambio del hombre (de su conversión, de su despertar en él la idea de Dios)", para Marx es verdadero lo contrario: "no existe un hombre esencial antes del hombre existente; por lo tanto, el cambio del hombre será el cambio de la sociedad".[16]

Es evidente que, para Del Noce, con el marxismo nos encontramos frente a la forma más rigurosa de antropología anticristiana que jamás haya sido concebida. Se comprende por qué entre los autores marxistas que Del Noce admira mayormente se encuentre Galvano Della Volpe, tanto como para hacerle sostener ya en 1946 que su "posición rigurosamente marxista está prácticamente aislada"[17]: a diferencia de otros intérpretes, Della Volpe habría dado del marxismo una lectura rigurosa, no conciliadora, que evita el juego ocioso del *sic set non*, de qué salvar y qué rechazar de Marx, sin ceder a improbables compromisos con el personalismo y con la ética tradicional de origen platónico-cristiana. En la *Libertà comunista*, de 1946, Della Volpe aclaraba los términos de la cuestión: o es primaria la persona como quiere el personalismo (y más en general la tradición de la interioridad que va desde Platón hasta Rousseau, pasando por Agustín), o es primaria la sociedad, como quiere el marxismo. El mismo revisionismo de un Bernstein o de un Mondolfo, no era otra cosa, según Della Volpe, que una versión laicizada de la tradición cristiana. Todo esto, Del Noce lo suscribe: ¿qué habrían hecho los revisionistas más que interpretar la filosofía de Marx como una de la comprensión?

Hay luego otro aspecto sobre el cual Del Noce vuelve con insistencia. Refiere al así llamado mesianismo marxista. Pues bien observa Del Noce, se trata de un aspecto indudable, pero que debe aclararse. ¿El mesianismo marxista es tal vez una inmanentización de la idea mesiánica de origen cristiano, como piensa Löwith? La respuesta de Del Noce es muy clara: ¡no! El marxismo ha cerrado verdaderamente las puertas a la tradición bíblica, en él no hay ninguna "conservación en una forma nueva del pensamiento mesiánico".[18] Lo que impide una lectura de este tipo es, una vez más, la opuesta base antropológica: el mesianismo judaico-cristiano parte de la idea de una naturaleza decaída (pero que de alguna manera participa, luego de la caída, de lo absoluto); el marxista,

---

[16] Id., *Il problema dell'ateismo*, p. 253.

[17] Id., "Studi intorno alla filosofia di Marx", en *Rivista di filosofia*, XXXVII, 3-4, 1946, pp. 223-233; ahora en *Scritti politici. 1930-1950*, cit., p. 288.

[18] Id., *Il problema dell'ateismo*, cit., p. 124.

al contrario, parte de la autosuficiencia del más acá y de la eliminación de toda idea de participación de lo finito en el infinito.

Esta eliminación, observa en repetidas ocasiones Del Noce, representa la ruptura total con la tradición espiritual europea, por lo cual la negatividad de lo finito, lejos de constituir el ser, se debe a la caída inicial. El mesianismo marxista, al contrario, lleva a consecuencias extremas el rechazo racionalista de la innaturalidad de la condición humana, disolviendo todo atisbo de lo divino, incluida la idea hegeliana de lo divino inmanente: la mortalidad de lo finito, la naturalidad de la muerte, converge en la negación de todo valor que se pretenda absoluto y eterno. Consecuencia: la realidad es, en cuanto tal, irreformable, en la medida en que el concepto de reforma, para ser operativo, debe mantener firme la existencia de un cierto conjunto de valores permanentes que sostienen a una particular sociedad y que no se modifican al mutar su forma histórica; pero si estos valores permanentes no son tales, si son sólo un producto histórico, entonces la transformación de la realidad tomará una dirección completamente distinta: la del derrocamiento revolucionario destinado a instituir una realidad que sea totalmente diferente de aquella presente.

> La realidad que se conseguirá con la revolución se presentará, por lo tanto, como algo totalmente otro respecto de la realidad precedente, algo totalmente otro que no se podrá decir sino a través de negaciones.[19]

Es así que, según Del Noce, el mesianismo marxista, más que un residuo de lo judaico-cristiano, parecería revitalizar, en una forma inédita, una religiosidad de tipo gnóstico (injertada en un pelagianismo de base). En la lección magistral "Secolarizzazione e crisi della modernità", que tuvo lugar en Nápoles pocos meses antes de su muerte, Del Noce sintetiza este punto, por una parte recordando al primero que ha propuesto la interpretación del marxismo en términos de nuevo gnosticismo, a saber, Eric Voegelin; por la otra, aclarando por qué este nuevo gnosticismo es irreductible al antiguo: como en la gnosis antigua, también en la moderna encontramos la idea de dos mundos en total conflicto, y que el mundo verdadero es el mundo futuro, "del todo contrario al mundo presente en el cual el hombre vive como extranjero". Desde este punto de vista, prosigue Del Noce, "el futuro o el advenir de los revolucionarios parece la traducción moderna del verdadero Dios de los gnósticos".[20] Pero, y aquí está el punto, aquello que distingue la gnosis revolucionaria de la antigua es el plantearse como gnosis post-cristiana, en la medida en que atribuye al hombre, y no a Dios, el poder de crear el mundo nuevo sobre las *cenizas* del viejo mundo.[21]

Por otra parte, precisamente este tema neo-gnóstico permitiría, según Del Noce, librar de los malos entendidos y de los equívocos al concepto de "secularización"

---

[19] Id., *L'interpretazione transpolitica della storia contemporanea*, Guida, Nápoles, 1982, p. 24.

[20] Id., "Secolarizzazione e crisi della modernità", en Id., *Verità e ragione nella storia. Antologia di scritti*, a cargo de A. Mina, Rizzoli, Milán, 2007, p. 143.

[21] Para una amplia discusión crítica de este punto en Del Noce, cfr. G. Marramao, *Potere e secolarizzazione. Le categorie del tempo*, Editori Riuniti, Roma, 1983, pp. 40 y ss.

con el cual se suele indicar la época moderna: "a mi juicio, el término secularización adquiere todo su significado si lo pensamos en relación con la que podemos llamar la contra-religión marxista […]. La revolución marxista mantiene el aspecto de religión, por la conversión en una realidad superior que ella implica y en una realidad totalmente otra, incluso si no es en absoluto trascendente o sobrenatural".[22] Más que a una trasposición mundana del cristianismo (como sostiene Löwith), asistiríamos, con la secularización, a la transformación en sentido post-cristiano de la espiritualidad gnóstica: por lo tanto, ninguna inmanentización del cristianismo; más bien, su negación. Y, todavía una vez más: "reapertura –del siglo XIX a hoy– del conflicto entre religiosidad cristiana y una religiosidad de tipo gnóstico".

4. Marxismo e historia contemporánea

Nueva concepción de la filosofía, anti-esencialismo antropológico e instancia "religiosa" de tipo neo-gnóstico. Ahora, estos tres aspectos de la "no-filosofía" de Marx, pero en particular el primero, convergen en aquella que es, probablemente, la tesis capital de Del Noce respecto del marxismo: a saber, que no es posible comprender la filosofía marxista, por lo que ella tiene de marxista, separándola de su realización histórica. "La nueva idea marxiana del hombre tiene solamente en la realización histórica la medida de su validez, y podrá ser realizada sólo a través de la revolución total como pasaje de un estado del mundo a uno contrario".[23]

Esto significa que es imposible confrontarse con el marxismo como filósofos "puros": los que pretenden tratar el pensamiento de Marx como si la revolución rusa, por ejemplo, no hubiese tenido lugar, los que se empeñan en disociar marxismo y leninismo, según Del Noce, terminan confrontándose no con el marxismo, sino con su fantasma, casi una involución hacia el pensamiento utópico del siglo XIX, un marxismo reducido a las abstracciones de la filosofía especulativa, una suerte de platonismo que distingue el modelo de su realización en la realidad empírica.[24] El punto es que la no-filosofía de Marx, habiéndose excusado de cualquier existencialismo axiológico o antropológico, impide pensar la relación entre filosofía e historia en estos términos, sin recaer en posiciones precedentes a la suya. "En efecto, como consecuencia de su negación de verdades absolutas, Marx debe poner el criterio de verdad de su filosofía en la verificación experimental, en el resultado histórico al cual ha dado lugar".[25]

En otras palabras, la valoración del marxismo en tanto filosofía no puede resolverse, so pena de reducirse a una operación meramente escolástica,[26] a un juicio sobre

---

[22] A. Del Noce, "Secolarizzazione e crisi della modernità", cit., p. 142.

[23] *Ibid.*, p. 146.

[24] Como emergerá de los análisis del pensamiento de Gramsci, es exactamente por este motivo que, en el *Suicidio della rivoluzione*, Del Noce no distinguirá entre Gramsci y gramscismo.

[25] A. Del Noce, "Secolarizzazione e crisi della modernità", cit., p. 147.

[26] Del Noce toma a la letra la segunda de las *Tesis* sobre Feuerbach: "La cuestión de si al pensamiento

los principios ideales que la sostendrían; al contrario, debe partir de sus resultados históricos. Sobre este punto podemos hacer referencia a lo que ha escrito Roberto Esposito en su *Pensiero vivente*: "Si la conclusión lógica del racionalismo moderno es que no existe criterio de verdad externo al éxito, o al fracaso, de sus portadores históricos, el método más eficaz para contrastarlo no es aquel de falsificarlo en sus premisas, sino precisamente en sus resultados –dejando a la historia el rol de verificación última de su actividad o invalidez–".[27] Aquí, Esposito ilustra muy claramente la estrategia de Del Noce: el juicio sobre el marxismo debe pasar por su capacidad, o incapacidad, de "realizar un producto histórico durable en el tiempo", del momento que, excluida cualquier fundación trans-histórica, su legitimación no puede ser otra que la de la victoria.

Pero aquí está la recíproca: así como el marxismo es inescindible, *en cuanto* marxismo, de su realización histórica, del mismo modo la historia contemporánea, *en tanto* contemporánea, no es comprensible, en sus líneas de fondo, por fuera de la realización histórica de la no-filosofía marxista. En este sentido, según Del Noce, el siglo XX puede ser interpretado como el siglo filosófico por excelencia, así como la Edad medieval giraba alrededor del discurso teológico: la historia contemporánea es historia filosófica, en la medida en que, con el marxismo, es la historia de una filosofía que no se limita a inspirar la política, sino que *literalmente* se hace mundo.

> Si la historia contemporánea no puede ser comprendida más que en relación con la revolución comunista, aquella adquiere un carácter nuevo, diferente de toda la historia precedente. No es solamente una historia que puede ser *comprendida* por el filósofo; es una historia *hecha* por el filósofo, porque el valor del pensamiento es para Marx aquel de realizar la condición para una acción eficaz y transformar la sociedad y el mundo.[28]

Jamás como en el siglo XX, en efecto, el significante "revolución" ha dado de sí no sólo el lenguaje político, sino también el cultural, económico, teológico, científico, etc.; es decir, Del Noce llama la atención sobre el hecho de que en el curso del siglo XX todo cambio, en toda esfera de la experiencia humana, es progresivamente descripto y observado a través de la idea de revolución, y esto no tanto porque tal concepto es el único que puede dar razón de las transformaciones en curso, de su radicalidad y de su velocidad, sino más bien por otra razón, de orden "ideal", a saber, que "es el predominio al nivel de la cultura del concepto de revolución el que impone el fenómeno desde el punto de vista de su potencial revolucionario, y por lo tanto, desde su funcionalidad, o no, al proceso revolucionario".[29]

---

humano corresponde una verdad objetiva, no es cuestión teórica, sino una cuestión práctica. En la praxis el hombre debe probar la verdad, es decir, la realidad y el poder, el carácter inmanente de su pensamiento. La cuestión sobre la realidad o no-realidad del pensamiento –aislado de la praxis– es una cuestión meramente escolástica".

[27] R. Esposito, *Pensiero vivente. Origine e attualità della filosofia italiana*, Einaudi, Turín, 2010, pp. 227-228.

[28] A. Del Noce, *Il problema dell'ateismo*, cit., p. 128.

[29] Id., *Modernità. Interpretazione transpolitica della storia contemporanea*, Morcelliana, Brescia, 2007, p. 62.

Aquí está, en el hacerse mundo de la filosofía por obra del marxismo, el núcleo de la interpretación delnociana del siglo XX, interpretación que dicho autor define, con un concepto tomado en préstamo del historiador del fascismo Renzo De Felice, como "transpolítica". Según este tipo de interpretación, habría una relación de inmanencia radical entre categorías filosóficas e historia contemporánea, motivo por el cual el significado más íntimo de la historia contemporánea no puede aclararse más que a la luz de una rigurosa problemática filosófica.

En "Secolarizzazione e crisi della modernità", Del Noce resume en tres tesis su posición. Primera tesis: el siglo XX es la historia del pleno éxito del marxismo "en el sentido de que realmente ha cambiado el mundo, según famosa undécima tesis sobre Feuerbach, y no solamente aquella parte del mundo en la cual el comunismo ha tenido éxito".[30] Sin embargo, agrega Del Noce, este completo éxito coincide con su fracaso, en el sentido de su descomposición, en occidente, en el nihilismo de la sociedad opulenta. Segunda tesis. Esta realización-fracaso que golpea al marxismo, golpea asimismo a la idea misma de revolución, que por tanto puede ser interpretada a través del concepto, que se remonta a Vico, de heterogénesis de los fines: la realización de la revolución como coincidencia con el derrocamiento de las esperanzas y de las profecías de sus promotores. Tercera tesis. La historia contemporánea manifiesta una plena racionalidad en sus momentos esenciales, desde 1917 hasta el advenimiento de la sociedad opulenta, pasando por el fascismo, como tantas otras expresiones, directas o indirectas, de la articulación o desmoronamiento de un preciso "sistema" filosófico, el marxista.

Al respecto, resulta paradigmática la interpretación que Del Noce ha dado del fascismo en distintos ensayos en los años sesenta y setentas. Una interpretación "especulativa", pero no "esencialista", que rechaza categorías afortunadas como aquella de "mal radical", o de "rostro demoníaco del poder", atenta al detalle histórico y que se distingue de la mayor parte de las interpretaciones de la época porque lee el fascismo en relación (genética) con el marxismo.

Tres, en efecto, han sido las lecturas recurrentes del fascismo: la primera, elaborada por Benedetto Croce, lee el fascismo como un paréntesis patológico en el desarrollo lineal de la modernidad; la segunda, que remite a Piero Gobetti y apropiada por la cultura neo-iluminista del Partido de Acción, ha visto en él la autobiografía del atraso nacional, el síntoma de las taras del proceso de unificación nacional italiano; la tercera, de carácter marxista, lo lee como coalición de las fuerzas reaccionarias en defensa de los intereses de la burguesía, amenazada por los fermentos revolucionarios de la primera posguerra.

Ahora bien, respecto a estos esquemas interpretativos, el de Del Noce se separa sensiblemente puesto que, en la línea de Giacomo Noventa, ve en el fascismo una ideología y un régimen plenamente inserto en la modernidad. Más precisamente, se trataría del intento de superar el marxismo en su versión leninista sobre su mismo terreno: a través de la realización de una forma "ul-

---

[30] Id., "Secolarizzazione e crisi della modernità", cit., p. 139.

terior" de revolución total; una forma ulterior, a saber, despojada del momento materialista de la lucha de clases y del internacionalismo, y conectada con la idea de nación. Esta idea, sin embargo, no es concebida al modo del viejo nacionalismo del siglo XIX, del *Risorgimento*, como herencia de valores a perpetuar, sino en un sentido completamente nuevo, pensado según las categorías del socialismo revolucionario del cual provenía Mussolini y marcado por la experiencia de la Gran guerra, como "lucha de naciones por el poder", como "un devenir potencia", como "una creación continua que merece derribar todo aquello que se le pueda oponer" y cuyos valores tradicionales, estimados por el nacionalismo, retroceden de fines de la acción a meros instrumentos destinados a promoverla.[31] En definitiva, la naturaleza del fascismo sería, según la original (y problemática) lectura de Del Noce, una naturaleza en absoluto reaccionaria y conservadora, sino revolucionaria, en un sentido post-marxista, una suerte de alternativa nacional al comunismo soviético, o, como se dice en el *Il problema dell'ateismo*, su "competidor irracional".[32]

De aquí el tacticismo absoluto de la acción política mussoliniana, su recurso constante a la violencia, practicada y teorizada, pero también su inestabilidad, su explicitarse como disgregación de una realidad dada sin poder crear nada durable, su naturaleza constantemente compromisoria, obligada a asumir del exterior un contenido, el de los valores tradicionales, extraño a su disposición *originariamente* revolucionaria. Ya que, según Del Noce, ni el concepto de nación, ni aquel de patria, serían en sí mismos constitutivos del fascismo, ni el nacionalismo habría preparado el camino al fascismo, siendo más bien éste último el que absorbió al nacionalismo, así como ha absorbido, haciendo de ellos instrumentos para la afirmación de la acción transformadora, los valores tradicionales que la derecha católica, en modo completamente miope, pensaba que podía defender, apelando a una pretendida (meramente táctica) cercanía entre fascismo y tradicionalismo.

---

[31] Id., "Appunti per una definizione storica del fascismo", en *L'epoca della secolarizzazione*.

[32] Podemos sintetizar este punto recordando aquel pasaje de *Mussolini il rivoluzionario* en el cual Renzo De Felice reconoce la deuda contraída precisamente con la lectura de Del Noce, del cual es citado *Il problema dell'ateismo*, "en particular allí donde él habla de la relación fascismo-cultura y a la prioridad que –justamente– él dice que se debe dar en el fascismo "al momento de origen socialista revolucionario". Que el fascismo haya sido un fenómeno con precisas características de clase no hay duda; sin embargo, en este hubo también una serie de instancias moralistas y culturales que lo preexistían (sobre todo en el sindicalismo revolucionario), que se yuxtapusieron a otras (de tipo sobre todo nacionalista) en un equilibrio extremadamente inestable" (*Mussolini il rivoluzionario*. 1883-1920, Einaudi, Turín, 1965, p. XXV). Si se considera qué tan influyente y discutido ha sido el libro de De Felice, una auténtica piedra angular de la historiografía sobre el fascismo, se puede medir hasta qué punto el discurso impulsado por Del Noce ha alimentado indirectamente el debate público italiano.

5. La primera forma de descomposición del marxismo: el actualismo de Giovanni Gentile

La pregunta que, siguiendo a Del Noce, debemos hacernos en este punto es la siguiente: ¿si el fascismo tiene su génesis en la disolución del marxismo, cuál es el trasfondo ideológico y filosófico que lo ha hecho posible, o al menos, que lo hace pensable en estos términos?

Según Del Noce, este trasfondo debe rastrearse en la filosofía de Giovanni Gentile, el actualismo, en particular en su interpretación juvenil de la filosofía de Marx (interpretación compartida por el mismo Del Noce). Aún más: según la originalísima lectura de Del Noce, en distintos trabajos a partir de los años sesenta, precisamente la interpretación que Gentile ha dado del marxismo representa, junto al libro *Rosmini e Gioberti*, el marco fundamental de su elaboración filosófica, sin la cual todo el edificio colapsaría. Porque es en sus primeras obras juveniles –*La filosofia di Marx*, de 1899, y *Rosmini e Gioberti*, de 1898– que, según Del Noce, estaría localizado el significado del programa de investigación de Gentile: la integración entre las dos direcciones de la filosofía moderna, la religiosa, representada por Gioberti (el autor *risorgimentale* del *Primato morale e civile degli italiani*), y la inmanente, representada por Marx, y por lo tanto entre agustinismo y marxismo, unidos ambos por la crítica al predominio metafísico de lo dado, pero para ser liberados ellos mismos de los componentes metafísicos que quedan residualmente de sus críticas; y por lo tanto: el primero separado del platonismo y el segundo del materialismo.

Con relación a este último punto, la crítica al materialismo marxista, podemos señalar un amplio extracto del *Il problema dell'ateismo*: "Con este [el libro *La filosofia di Marx*] se inicia la posición del *inveramento*[33] del marxismo, bien diferente del revisionismo. Porque en este se trata de aislar aquella que se piensa como la parte sana del marxismo (su economía, su sociología) y de pensarlo bajo presupuestos filosóficos distintos. En la tesis del *inveramento*, en cambio, se intenta extraer el aspecto positivo de la filosofía de Marx, por lo que hay en este de metafísico y de materialista".[34] La génesis del actualismo, según Del Noce, estaría aquí: en la purificación de la filosofía de la praxis, elaborada por el marxismo, de todo residuo metafísico, a saber: de todo lo dado, incluso económico, de toda trascendencia puesta delante de la acción como algo capaz de orientarla o, en el peor de los casos, determinarla (de aquí el interés, por el libro de Gentile, de parte de un lector excepcional como Lenin, que en el artículo *Karl Marx*, de 1915, lo señala como digno de atención).[35]

---

[33] Conferir verdad, hacer verdadero [N. de T.].

[34] A. Del Noce, *Il problema dell'ateismo*, cit., p. 154.

[35] En efecto, la interpretación de Del Noce representa una de las primeras de la filosofía gentiliana en términos radicalmente anti-metafísicos, tanto como para identificarla con el punto extremo del nihilismo moderno. La misma autointerpretación del actualismo como neo-idealismo, según Del Noce, debería leerse en términos polémicos respecto del positivismo de finales del siglo XIX, sin absolutizar el significado especulativo, puesto que, así en el ensayo *Gentile e Gramsci*, el actualismo gentiliano «no puede ser visto

De modo que, como leemos en el libro póstumo *Giovanni Gentile*:

> La insatisfacción agustiniana respecto de los bienes finitos se transforma en Gentile en la insatisfacción respecto del *hecho*. ¿Qué consigue con esto? Todo es bien en tanto es acto, todo es mal en tanto es hecho. ¿Pero no es ésta la forma del activismo? El término activismo significa la inversión por la cual la acción como transformación de la realidad es asumida como valor en sí.[36]

De esta situación se conseguiría, continua Del Noce, que la acción se vacíe de cualquier contenido positivo, siendo más bien el aniquilamiento de este, la destrucción de cualquier trascendencia, la desvalorización de cualquier valor, comenzando por el valor de la verdad. La filosofía misma de Gentile, en efecto, tendría como su único criterio de verdad el dar cuenta del proceso histórico de la filosofía, en tanto dirigido hacia el inmanentismo absoluto del actualismo que, de este modo, incluso siendo una fractura respecto de tal historia, al mismo tiempo debe conservarla sobre el plano de la propia justificación teórica. Pero, en realidad, considerados sus presupuestos, el proceso de la historia del pensamiento descripto por Gentile, no se dirige hacia la verdadera filosofía, como él pensaba, sino hacia el nihilismo.[37]

Por el mismo motivo, si sobre el plano político Gentile critica la idea de una revolución, es exactamente a causa de su inclinación metafísica, de su presupuesto materialista, puesto que en Marx la revolución debería sustituir a una estructura económico-social (y por lo tanto un elemento trascendente) con otra incluso totalmente distinta de la primera. Distinto sería –y aquí está la integración mencionada previamente, entre línea religiosa y línea inmanente– el discurso que Gentile asocia a la idea de *Risorgimento*, "cuya máxima expresión es Gioberti, cuando sea librada de la envoltura platónica".[38] *Risorgimento*, a entenderse, según la lectura delnociana de Gentile, como verdadera categoría filosófica y espiritual: no como mera restauración del pasado, sino como recuperación espiritual y refinamiento continuo de una tradición, luego de su entrada en crisis, con la figura del intelectual identificada con la del reformador político y religioso. *Risorgimento* que, según Gentile, habría encontrado en la movilización total fascista, más que en el antiguo nacionalismo, la posibilidad de una revitalización y una reactivación ulterior. Pero, también en este caso, observa Del Noce, lo que se produce va en dirección opuesta a la esperada, dado que tanto el actualismo gentiliano como el activismo fascista son estructuralmente incapaces de transmitir algo, mucho menos algo como una tradición o unos valores.

---

como el desarrollo de cualquier forma de idealismo precedente». Y todavía: "Entre idealismo preactualista e idealismo actualista es necesario reconocer que hay un salto. Si la filosofía de Hegel podía dar la impresión de conservar la verdad de las filosofías precedentes en modo que nada se hubiese perdido, el actualismo, en cambio, las anula. [...] Visto bajo esta perspectiva, el actualismo es la más radical crítica de cualquier metafísica, idealista o naturalista" (*Il suicidio della rivoluzione*, Rusconi, Milán, 1992, pp. 142-143).

[36] Id., *Giovanni Gentile. Per una interpretazione filosofica della storia contemporanea*, Il Mulino, Bolonia, 1990, p. 39.

[37] Id., *Il suicidio della rivoluzione*, cit., p. 13.

[38] Id., *Giovanni Gentile*, cit., p. 93.

A estas breves referencias sobre la interpretación delnociana de Gentile, me limito a agregar dos observaciones (que, como veremos, dan las coordenadas para entrar en su lectura del gramscismo). La primera refiere a una afirmación, presente precisamente en *Il suicidio della rivoluzione*, que con una mirada superficial podría aparecer exagerada o, como mínimo, viciada de provincialismo: si se mira –sostiene Del Noce– su poder de negación ("su obra de disolución de la filosofía, aquella suma de negatividad que condensa, la mayor que se haya dado en la historia de la filosofía occidental") "se llega a comprender, a través de ella, cómo sin el estudio del filósofo más insensible a la crisis, Gentile, no se puede comprender la historia de nuestro siglo".[39] Aquí, Del Noce no se limita a decir que Gentile representa la cumbre del inmanentismo moderno, sino que va más allá: hace de él el eje de su interpretación transpolítica de la historia contemporánea. Tesis, ésta, que en apariencia contradice a la otra, la que identifica en el marxismo al sujeto de la historia contemporánea. ¿Marx o Gentile, entonces? La dos tesis, si se las ve bien, no se excluyen, al contrario: son ambas verdaderas, dado que para Del Noce el sujeto de la historia contemporánea es, sí, el marxismo, ¿pero en qué sentido? En el sentido de su progresiva descomposición entre el momento disolutivo del antiguo mundo y el momento constructivo del nuevo mundo. Aquí está, entonces, la función capital de Gentile. Según el esquema delnociano, su interpretación juvenil (pero ya madura) de Marx representa la primera forma de descomposición del marxismo, con el momento disolutivo (anti-platónico) librado de aquel constitutivo (metafísico).

La segunda observación ha sido formulada por Pasquale Serra y refiere a la adhesión, casi integral, de parte de Del Noce, a la lectura gentiliana de Marx. ¿Por qué esta adhesión? La respuesta, argumenta Serra, es la misma por la cual Del Noce da una gran importancia al intento de integración llevado a cabo por Gentile entre filosofía de la praxis, enmendada en sus componentes metafísicos, y la tradición *risorgimentale* de matriz giobertiana: para mostrar cómo este intento, verificado experimentalmente por el fascismo, está condenado al fracaso total. En otras palabras, Del Noce adhiere a la lectura gentiliana de Marx porque, a diferencia del revisionismo, llega a tocar el núcleo duro del marxismo, la anti-metafísica, haciendo jugar, por así decir, a Marx en contra de Marx, el espíritu (anti-metafísico) contra la letra (materialista). Pero en esta operación no se integra, excepto en las intenciones, aquella orientada a la recuperación de la tradición. Y por lo tanto: imposibilidad, filosófica y política, de integración entre actualismo y tradición, imposibilidad de integración entre filosofía de la inmanencia y filosofía de la trascendencia. Si las cosas están de este modo, es evidente que el esquema filosófico e historiográfico con el cual Del Noce lee la historia contemporánea, por una parte como historia de la descomposición del marxismo, por la otra como conflicto mortal entre opción atea y acción religiosa, tiene literalmente necesidad de pasar a través de Gentile, dado que, como bien observa Serra, "a Del Noce le sirve dar importancia a esta

---

[39] Id., *Il suicidio della rivoluzione*, cit., p. 124.

noción de praxis [purificada en sentido radicalmente antiplatónico] con el fin de fundar la imposibilidad entre ésta y la tradición" [40]

6. La sociedad opulenta entre irreligión natural y crisis del marxismo

Si el fascismo representa la primera dramática forma de descomposición (en sentido activista) del marxismo, este proceso prosigue, según Del Noce, en la segunda posguerra, en Occidente y con Italia sirviendo de laboratorio privilegiado, en una dirección inédita y, en cierto sentido, definitiva: aquella del advenimiento de la sociedad opulenta.

Del Noce comienza a hablar de esto en un texto fecundo, titulado "Appunti sull'irreligione occidentale", del '63. De los ensayos que componen *Il problema dell'ateismo*,[41] éste es el último escrito por Del Noce en orden cronológico, conjuntamente a la larga introducción al volumen; de alguna manera representa, por lo tanto, el capítulo final, el plano en el cual convergen sus ensayos precedentes, y, al mismo tiempo, el enlace con la producción sucesiva, producción en la cual *Il suicidio della rivoluzione* representa, probablemente, el momento más alto y emblemático.

Ahora, sí es verdad que en *Il problema dell'ateismo* el interlocutor filosófico de Del Noce es sobre todo el marxismo, entendido como inclinación última del racionalismo, es también verdad que, desde el momento en el cual el libro se concluye, es más bien la *crisis* del marxismo, y más en general de la hegemonía político-cultural del racionalismo, lo que Del Noce describe en sus líneas de fondo.[42]

En efecto, observa Del Noce precisamente en las primeras líneas del texto, "se puede preguntar si la "realidad apremiante" de los últimos veinte años (el mundo de "ayer" va más allá del '40) no es la difusión de otra cosa *completamente distinta del ateísmo*, es decir "la irreligión natural" (la pérdida, el eclipse de lo sagrado, o como se quiera decirlo)".[43] E inmediatamente después, Del Noce continúa diciendo que para aclarar esta tesis, es necesario todavía una vez más retornar a la cuestión de fondo que dividía el pensamiento cristiano y el racionalismo: la inicial toma de posición con respecto a la Caída. Y aquí está el punto: respecto de las dos líneas analizadas, a partir de la segunda posguerra, con el nacimiento de la sociedad del bienestar y con el progreso de la técnica, se ha afirmado una tercera forma de pensamiento, que Del Noce califica a veces como empirista, positivista, escéptica y que, a su parecer, se diferenciaría de ambas líneas precisamente porque pretende

---

[40] P. Serra, *Augusto Del Noce. Metafisica e storia*, ESI, Nápoles, 1995, p. 46.

[41] "Il concetto di ateísmo e la storia della filosofia"; "La "non-filosofia" di Marx"; "Marxismo e salto qualitativo"; "Appunti sull'irreligione occidentale"; "Riflessioni sull'opzione ateistica"; "Il problema di Pascal e l'ateismo contemporaneo"; "Teismo e ateismo politici".

[42] Cfr. M Borghesi, *Augusto Del Noce. La legittimazione critica del Moderno*, Marietti, Milán, 2011, pp. 259-260.

[43] A. Del Noce, "Appunti sull'irreligione occidentale", en *Il problema dell'ateismo*, cit., p. 294.

constituirse prescindiendo de esta opción, y con esto, de cualquier problemática religiosa. "La irreligión natural es sobre el plano histórico-social un fenómeno de masa y sobre el plano ideal una especie de forma a priori que impide de este modo tanto la recepción de la religión trascendente como del ateísmo, en tanto este mantiene todavía, a su modo, la idea de "sagrado"".

Se trata evidentemente de una situación sin precedentes, dado que esta forma de pensamiento, que mide la racionalidad ya sea teórica que práctica en la eficiencia técnica, no se limita a criticar la problemática religiosa, y más en general la cuestión de la trascendencia, sino que la destituye precisamente en tanto cuestión. "Para la irreligión de hoy no hay ninguna razón para plantear el problema de Dios porque la afirmación de su existencia es lógicamente un sin sentido". Sin sentido, a saber: inverificable, por lo tanto, incontrolable, no medible, y entonces, inútil, ociosa; por lo tanto: de ningún interés para quienes, bajo cualquier concepto, intentan actuar en el mundo. E incluso: por la mentalidad de la sociedad que va formándose "se trata de desterrar, de todos, los juicios, tanto teóricos como prácticos, toda referencia al teísmo o al ateísmo: pronto la "cuestión inútil" será olvidada: el fenómeno inexorable del crecimiento llevará fatalmente a la eutanasia de la religión". En definitiva, con la sociedad opulenta nos encontramos de frente a una forma inédita de ateísmo, que se diferencia de aquel del siglo XIX (marxiano o nietzscheano) porque se encuentra privado de todo significado trágico o revolucionario, en sentido amplio, transformador de lo real. Por esta nueva forma de mentalidad, el valor coincide con lo nuevo en tanto nuevo, no con aquello que revoluciona y subvierte lo real, sino con aquello que lo modifica incesantemente dentro de parámetros ya integralmente dados y no problematizados.

No se entendería nada de los análisis delnocianos de la sociedad opulenta y de la irreligión que la caracteriza sin indicar el lugar que, dentro de la línea racionalista, es ocupado, según Del Noce, por el marxismo. Es, en efecto, en relación con el marxismo –y no como resultado de los progresos de la técnica y de la industria (como piensan, por ejemplo, los francforteses)– que, sostiene Del Noce, debe ser identificado el origen "ideal y propiamente filosófico" de la sociedad opulenta:

> La sociedad opulenta es la única en la historia del mundo que no tiene origen en una religión, sino que surge esencialmente contra la religión, incluso si, paradójicamente, esta religión es la marxista; e incluso si a causa del adversario común se utiliza la competencia de fuerzas religiosas (o el gobierno de Estados concede ejercicios a los representantes políticos de estas fuerzas, reestableciendo sin embargo el equilibrio a través del favor concedido a una cultura netamente antirreligiosa).[44]

Es evidente que aquí nos encontramos delante de una tesis teóricamente muy difícil, dado que vehicula la completa producción delnociana dedicada al estudio y el análisis del marxismo, desde los años cuarenta. Como hemos visto, según Del Noce, el ateísmo marxista presentaría unos elementos neo-gnósticos, y por lo tanto

---

[44] *Ibid.*, pp. 318-319.

sigue siendo religioso: incluso negando toda revelación y todo valor suprahistórico, el marxismo no niega en absoluto el problema de la trascendencia, entendida como trascendencia del advenimiento, de la nueva totalidad, de la sociedad sin clases, etc., que toma el lugar de lo eterno y de la ciudad de Dios; pero, precisamente, toma su lugar, lo sustituye. Al contrario, con la irreligión de los años sesenta, es precisamente el lugar de la trascendencia el que es negado, no aquello que lo ocupa y lo designa. Motivo por el cual, observa Del Noce, no es gnóstica, sino agnóstica: no sólo la religión trascendente, sino que el mismo ateísmo, abierto, sin embargo, a alguna dimensión de trascendencia, resulta vaciado de eficacia y privado de sentido. Así, "el proceso de conversión de la religión atea a la teísta (o también a la inversa) es ciertamente posible, mientras se encuentre cerrada por la irreligión natural".[45] En definitiva, respecto de la mentalidad irreligiosa, no sólo el cristianismo se encuentra neutralizado, sino que el marxismo mismo, por lo que conserva de religioso, resultaría vaciado de su fuerza movilizadora. "Pocos –leemos en *L'epoca della secolarizzazione*, de 1970– piensan hoy el marxismo, en su aspecto mesiánico, como el evento posible en el futuro próximo".[46]

Pero, ¿cuál es la génesis "ideal" de la irreligión natural? La respuesta de Del Noce, coherentemente con la tesis que quiere ver en el marxismo al auténtico sujeto de la historia contemporánea, no deja lugar a dudas: la descomposición del marxismo, la completa separación entre los dos momentos de su instancia neo-gnóstica, el momento disolutivo del antiguo mundo y el momento constitutivo de un nuevo mundo. Con el advenimiento de la sociedad opulenta, el Oeste combate al Este sobre su mismo terreno: la destrucción de toda trascendencia axiológica, de todo esencialismo, hasta negar el residuo de trascendencia que el marxismo todavía mantenía y, por lo tanto, lo que permanecía todavía de religioso en la idea marxista de revolución, es sustituido con la idea, bien distinta, de progresismo.

Al respecto, me limito a señalar, entre las numerosísimas páginas de Del Noce, dos citas que aclaran la cuestión. La primera tomada de los "Appunti": "Del marxismo, la sociedad opulenta mide al mismo tiempo la fuerza y la impotencia. Pienso que se puede decir que la sociedad opulenta representa la aceptación de todas las críticas marxistas, aunque negando radicalmente, al mismo tiempo, la religión marxista. Pero por otro lado, el marxismo parece impotente para invertir la cuestión".[47] Esto porque, prosigue más adelante Del Noce "a pesar de su historicismo, el marxismo mantiene un cierto número de verdades eternas, bajo la forma de juicios teóricos y juicios de valor que son pensados como universales, válidos para todos los hombres en cualquier época". Pues bien, estas "verdades eternas" (por ejemplo "la idea del hombre social", "la idea de la dialéctica como unidad de racional y real" o "aquella de la posibilidad objetiva de la realización histórica de una comunidad humana auténtica, caracterizada por la abolición de las clases y de la explotación", etc.) no

---

[45] *Ibid.*, p. 298.

[46] Id., *L'epoca della secolarizzazione*, Rusconi, Milán, 1970, p. 77.

[47] Id., "Appunti sull'irreligione occidentale", cit., p. 316.

tienen razón de ser para la mentalidad opulenta, han perdido fuerza, movilizadora, dado que todas la perspectivas de pensamiento que de alguna manera intentan vehicular un cambio radical de lo real han sufrido una erosión gradual: son todas perspectivas pertenecientes al pasado.

La segunda cita, extraía del artículo "Civiltà tecnologica e cristianesimo", se relaciona con este tema de la idea de progreso desconectada de la de revolución: "Cancelando toda supraindividualidad de los valores, [la sociedad tecnológica] excluye completamente todo espíritu revolucionario; el colectivismo del "hombre genérico" se sustituye por el individualismo más completo; admite por eso el progreso *en la y por la conservación* del orden social burgués. Por lo tanto, es en simultáneo la conservación más rigurosa y la negación más completa del marxismo".[48] Conservación porque lleva al extremo el antiplatonismo marxista, su dimensión anti-contemplativa; negación porque invalida sobre el marxismo mismo la instancia metafísica, en la medida en que el marxismo continúa manteniendo firme, bajo la idea de revolución, la idea de totalidad. Al contrario, la condición del hombre en la sociedad opulenta, el burgués manifestándose en estado puro, es una condición en la cual todo proyecto de reforma global, todo proyecto de alternativa al presente, toda esperanza en el "sol del porvenir", se muestra como impracticable e impotente, una ilusión propia de una civilización tecnológicamente en el ocaso, superada por los magníficos destinos y progresos de la modernidad. De ello resulta que, precisamente porque el ideal no podrá jamás realizarse, todo lo que queda es administrar lo existente, sin que se pueda poner en discusión el mundo así como es, el orden dentro del cual lo existente aparece.

7. Dentro de la sociedad opulenta: comunismo católico, protesta juvenil, crisis de la izquierda

Dentro de esta configuración ideológica se inscriben distintas intervenciones dedicadas por Del Noce a la actualidad política, desde los años sesenta en adelante. Me limito a señalar tres que testimonian bien la radicalidad de los análisis delnocianos: la polémica con Franco Rodano sobre el diálogo comunismo-catolicismo, la interpretación de la protesta juvenil y el debate con Thomas Molnar sobre la erosión de las categorías tradicionales de derecha e izquierda.

Comencemos con la polémica con Rodano, antes que nada. Éste último –con el cual Del Noce ha participado en 1943 en la breve experiencia de la izquierda cristiana y que, dentro del PCI en 1945, se convertirá en el principal teórico del comunismo católico– es explícitamente citado en los "Appunti" como una referencia importante "para caracterizar a la sociedad opulenta". Entre los dos intelectuales hay pruebas de relaciones de amistad, de entendimiento y estima intelectual, tanto que en más de una ocasión Rodano "corteja" al amigo para que colabore con la

---

[48] Id., *L'epoca della secolarizzazione*, cit., p. 92.

"Rivista Trimestrale" (dirigida por el mismo Rodano y por Claudio Napoleoni). En 1967 –refiriéndose a una intervención de Del Noce que tuvo lugar en el Simposio de estudios de la Democracia Cristiana, en Lucca– Rodano reconoce a éste último el haber captado, antes que nadie y sin duda en términos claros, "cuestiones devenidas desde hace tiempo –y no sólo para el mundo católico– absolutamente centrales, urgentes, decisivas"[49]: el reconocimiento, todavía no captado adecuadamente por la parte católica, de un nuevo adversario, el "instrumentalismo" homogéneo a la sociedad del bienestar, el cual se contrapone al cristianismo tanto como al marxismo. Lo que separa a los amigos es, sin embargo, la distinta etiología del proceso en curso y, como consecuencia, la distinta identificación del punto de resistencia a la mentalidad tecnocrática de la sociedad opulenta: si para Del Noce este punto de resistencia se encuentra en la línea platónico-cristiana de la modernidad, para Rodano precisamente el pensamiento cristiano –resultando del compromiso entre revelación religiosa y mentalidad helénica, marcada por el primado de la contemplación de lo eterno y la desvalorización del trabajo– sería la causa indirecta de la afirmación de una concepción instrumentalista, despojada de toda dimensión axiológica de la praxis y del mundo. De aquí la distinta ubicación de los dos intelectuales respecto de los intentos de diálogo entre Democracia cristiana y Partido Comunista: la posición de Rodano es de apoyo, previa crítica de los elementos metafísicos comunes a las respectivas tradiciones ideológicas; la posición de Del Noce es de total oposición, en coherencia con su interpretación dualista de lo moderno.

En relación con este último punto, probablemente tiene razón Marcello Mustè, que precisamente ha dedicado un ensayo amplio, y bien documentado, a la confrontación entre Del Noce y Rodano, cuando sostiene que el esquema delnociano "conduce a negar legitimidad no al "adversario", sino a las pretensiones de una posición intermedia, aquella de los progresistas católicos y laicos".[50] Se trata de una crítica que efectivamente se desprende del planteo teórico de Del Noce (que ya Rodano detectaba como "abstractamente dualista") y que se refleja sobre las tomas de posiciones políticas, hasta el acercamiento, en la vejez, al movimiento del catolicismo conservador de Comunión y Liberación: por una parte tenemos el conflicto, considerado constitutivo de la modernidad, entre oposición atea y opción religiosa, y por la otra tenemos todo lo que está en el medio y que no forma parte directamente de aquello, "una larga tierra de nadie, un pantano, habitado por pensamientos a medias y palabras a medias, que no están animadas por un auténtico coraje teórico o por alguna fe".

Según este esquema, la línea racionalista y aquella religiosa se enfrentan en modo absoluto, sin ninguna posibilidad de recomposición. Lo cual, si sobre el plano teórico permite aclarar las posiciones extremas, sobre el práctico, de la política anclada en la contingencia de las situaciones y de los contextos históricos, corre el riesgo

---

[49] F. Rodano, "La radice filosofica della crisi: risposta ad Augusto Del Noce", en *La Rivista Trimestrale*, 21, 1967, p. 39.

[50] M. Mustè, "Fra Del Noce e Rodano: il dibattito sulla società opulenta", en *La cultura*, 1, 1999, p. 110.

de reducirse a la irrelevancia, si no es en términos meramente negativos, de mera oposición y denuncia de lo existente, y esto en nombre de una autonomía política de los católicos que, sin embargo, a causa de un nuevo cuadro ideológico, parece tanto veleidosa como aporética. Tocamos aquí con la mano el límite de base de la posición metafísica de Del Noce, estrecho como es entre absolutismo y relativismo de los valores, sin terceras vías, en el sentido de que toda tercera vía es un juego de fuerza reducido al segundo polo de la oposición, el relativista.[51]

En la misma dirección se encuentran "Contestazioni e giovani" y "Appunti per una filosofia dei giovani", los dos ensayos, escritos por Del Noce casi en simultáneo y luego recogidos en *L'epoca della secolarizzazione* (1970), dedicados a la protesta estudiantil. Por una parte, Del Noce reconoce la legitimidad de las instancias de rebelión que se encuentran a la base de movimiento estudiantil: rebelión al proceso de alienación propio de la sociedad opulenta, o tecnocrática, rebelión al sistema occidental de la posguerra, que se ha constituido como alternativa al comunismo. Por otra parte, critica punto por punto todo contenido ideal, en particular todo cuanto concierne a la revolución sexual, a su parecer, un sub-producto y un aliado objetivo de la sociedad a la que cuestiona, dado que aceptaría "aquellos principios ideales que se encuentran en el comienzo del proceso que ha llevado al sistema actual"[52]: El mito del *giovanilismo*[53] (que se exterioriza en la apología de lo nuevo por lo nuevo y en la desvalorización del pasado en tanto pasado), la negación de la tradición y el rechazo del principio de autoridad (que se expresa en su injusta crítica como intrínsecamente fascista), la subordinación de la cultura a la política (que termina por reducirla a ideología). Aún más: Del Noce llega a rastrear un (problemático) paralelismo entre las puntas más ideologizadas del movimiento estudiantil y el fascismo de los orígenes "en su inicial momento negativo y anárquico": el extremismo estudiantil compartiría con el primer fascismo el momento dialéctico, buscado en la juventud más que en la clase; la pretensión de ir más allá, en posición revolucionaria, de la burguesía y el comunismo; el antipartidismo, el antiintelectualismo como aversión a la cultura libresca, etc. Todo esto con la diferencia de que el fascismo se daba un contenido, la idea de nación, mientras que el movimiento estudiantil se habría quedado solamente en el momento negativo, "la negación de toda autoridad de los valores". Todavía una vez más vemos cómo los análisis de Del Noce –que además captan con mucha anticipación un elemento de negatividad efectivamente presente en el movimiento estudiantil (occidental)– se encuentran estrechamente ligados siempre al mismo marco "metafísico": o absolutismo de los valores (dados por la tradición) o relativismo absoluto, negativismo, sin posibilidad de entrever terceras vías que

---

[51] Sin olvidar los numerosos juicios críticos dirigidos a la Democracia Cristiana (dentro de cuyas filas, sin embargo, militaba Del Noce), culpable, a sus ojos, de no haber sabido detener, aun al frente del gobierno por décadas, "el máximo proceso de des-cristianización que jamás se haya dado en la historia de nuestro país" (*il Tempo*, 23 de julio de 1985).

[52] A. Del Noce, *L'epoca della secolarizzazione*, Rusconi, Milán, 1970, p. 31.

[53] Exaltación de lo joven, de la juventud [N. de T].

no recaigan ellas mismas en el segundo polo (por ejemplo: ninguna referencia, si no es siempre en los mismos términos monótonos, al movimiento femenino).

Lo que no significa que la posición delnociana sea, como se ha dicho (por ejemplo por Lucio Colletti), una posición reaccionaria. Que las cosas no sean de este modo lo atestigua el diálogo con Thomas Molnar, uno de los máximos exponentes del catolicismo conservador de los años sesenta, sobre el rol de la derecha y de la izquierda en la sociedad opulenta. De este diálogo representa un documento precioso la antología, publicada en 1970 por editorial Rusconi, titulada *Il vicolo cieco della sinistra*. Aunque siendo dos intelectuales críticos del pensamiento revolucionario y del marxismo, hay un punto que separa netamente a Del Noce y a Molnar: este último, a los ojos de Del Noce, termina tirando, por así decir, al niño en el agua sucia, identificando pensamiento revolucionario e impulso utópico, y esto sobre la base de un pesimismo radical sobre la naturaleza humana que lo lleva a hacer coincidir ser y deber-ser. Esta posición, objeta Del Noce, es sustancialmente miope, dado que confunde el perfectismo, por el cual el mal puede ser eliminado de raíz, con la utopía, sin ver que la certeza de que el mal esté, en la historia, continuamente destinado a renacer en formas nuevas, no puede quitar el impulso ideal a vencerlo, o al menos minimizarlo, en la perspectiva de realizar el bien. Por consiguiente, "contraponerse a la izquierda en nombre de aquel realismo pesimista que es precisamente el del pensamiento conservador y que hace de la política, sustancialmente, una técnica al servicio del mal menor, es una perspectiva sin salida".[54] Es más, agrega Del Noce, aquella afirmada en la sociedad opulenta es una derecha que tiene muy poco de la derecha conservadora de la cual habla Molnar, tratándose más bien de una nueva derecha tecnocrática, lejanísima, por valores y génesis, de aquella tradicional.

Si se observa bien, la distancia profunda entre Del Noce y Molnar se encuentra precisamente en el distinto ángulo desde el cual se lee, en el nuevo contexto ideológico, las tradicionales categorías políticas de derecha e izquierda, categorías en las cuales Del Noce, a diferencia de Molnar, identifica una gran erosión. Erosión que debe entenderse antes que nada en términos de convergencia: la nueva derecha tecnocrática no se pondría en simple oposición a la izquierda, sino que sería el "preciso resultado" de la crisis cultural de la izquierda. ¿En qué sentido? Regresa aquí el esquema de la heterogénesis de los fines. La cultura de la protesta es una de la crítica llevada al extremo, pero sin la capacidad ni la intención de asociar a este negativismo contenidos programáticos positivos. A base de criticar y en ausencia de un programa, sin embargo, "la negatividad misma se disuelve; se da vuelta en la aceptación de lo real empírico en su inmediatez, indebidamente asumida como ideal".[55] Es decir: aquello que emerge de esta revolución sin revolución –según Del Noce, de origen surrealista más que marxista– no es un nuevo mundo, una nueva realidad totalmente diferente de la antigua, como para la tradición marxista, sino

---

[54] Id., "Un discorso 'nuovo' su destra e sinistra", en AA. VV., *Il vicolo cieco della sinistra*, Rusconi, Milán, 1970, p. 181.

[55] *Ibid.* p. 179.

un mundo totalmente desacralizado, aplastado, desgarrado. O mejor: es el viejo mundo, con todos sus valores (incluido el mesianismo marxista), pero despojados de su fuerza movilizadora. Pero, y aquí se encuentra la inversión evidenciada por Del Noce, un mundo totalmente profano resulta objetivamente homogéneo al de la sociedad opulenta, regida por el solo valor de la ganancia y de la mercantilización. Respecto de esto, la crisis de la izquierda tomaría dos formas y dos desarrollos opuestos, pero cómplices en el mantenimiento indirecto del *status quo*, o al menos en la imposibilidad de resistirlo: por un lado aquel de la mera crítica de lo dado y por el otro aquel de la adecuación a lo real así como se da, ya no orientado a los valores, sino como algo a administrar con el recurso de la técnica. La rebelión contra los valores de la tradición habría producido un resultado del todo imprevisto, no querido por sus mismos promotores: el haber contribuido a la liberación del espíritu burgués (en su momento analizado por Marx y Engels en el *Manifiesto*) de las últimas prohibiciones que obstaculizaban su pleno despliegue.

8. El punto de convergencia: Gramsci o el suicidio de la revolución

Todas estas líneas de investigación convergen en los cinco ensayos recogidos en *Il suicidio della rivoluzione* y pueden ser leídas en marca de agua en cada línea del libro. El mismo título remite a los análisis sobre la descomposición del marxismo, entendido como sujeto de la historia contemporánea (y, a la inversa, sobre la historia contemporánea como una historia de la descomposición del marxismo). Recordemos lo que responde Del Noce, en la entrevista aparecida en 1984 en las páginas de "30Giorni", a quien le pregunta cuál es la idea-clave de su interpretación del siglo XX: "Que el marxismo es el sujeto de la historia contemporánea. Más precisamente, la historia contemporánea es, en simultáneo, la historia de su éxito y su fracaso. Subrayo la palabra "simultáneo" porque prácticamente todos los críticos del marxismo miran a su realización (¡ahora pocos en verdad!) o a su fracaso. Mientras que, en cambio, el marxismo se ha realizado, pero realizándose se ha, en simultáneo, negado". *Es la idea del "suicidio de la revolución", de la cual toma el nombre una de sus obras más famosas…*comenta el entrevistador, Massimo Borghesi. Y Del Noce: "Si, el marxismo se ha negado en el sentido de su descomposición".[56] Aquí Del Noce aclara bien un punto, a saber, que la palabra *suicidio* dice algo más que la palabra *descomposición*: por una parte, la engloba, del momento en que la lógica subyacente es la de la descomposición del marxismo (ya ampliamente analizada en los textos precedentes al *Gramsci*), pero, por la otra, tal descomposición se cumple completamente en la izquierda, completamente dentro de la izquierda y, en última instancia, designa el origen de su crisis.

---

[56] A. Del Noce, "Storia di un pensatore solitario. Intervista di Augusto Del Noce di Massimo Borghesi e Lucio Brunelli", en A. Del Noce, *Verità e ragione nella storia*, cit., pp. 355-356.

De hecho, *Il suicidio della rivoluzione* no es el primer texto en el cual Del Noce se enfrenta a Gramsci. Distintas referencias, por ejemplo, se encuentran dispersas en el *Il problema dell'ateismo*, pero se trata principalmente de análisis secundarios, o simples notas en sostén de los argumentos principales. El tratamiento más largo, de dos páginas, se encuentra en los "Appunti sull'irreligione occidentale", dentro de una intensa discusión de la filosofía crociana y de sus elementos de inestabilidad; en resumen, poca cosa.

Si en cambio vamos atrás en el tiempo, a las primeras publicaciones de Del Noce, encontramos un denso artículo titulado "Ateismo marxista nel libro di Gramsci", publicado el 8 de febrero de 1948, en las páginas de *Il Popolo Nuovo*, el periódico de Democracia Cristiana. El texto es interesante porque presenta algunas tesis que, de alguna manera, serán constantes en la interpretación delnociana: Gramsci como el primer marxista de Italia, en neto contraste con cualquier lectura revisionista de Marx (que habría hecho de él un mero investigador social compatible con cualquier lectura revisionista de Marx, excluido el tomismo), y esto porque Gramsci habría comprendido que hay una filosofía en Marx y que esta filosofía representa la condición de posibilidad de toda su construcción. En segundo lugar, según Del Noce, en su confrontación con Croce, Gramsci habría comprendido "que el cristianismo y la "religión purificada por la mitología" del idealismo no representan más que un eclecticismo incoherente destinado a convertirse en el anticristianismo y la anti-religión". Y, con respecto a este último punto, el artículo concluye con una tesis que reencontraremos prácticamente intacta en *Il suicidio della rivoluzione* y que precisamente por esto amerita ser señalada en su totalidad: "mirando a fondo, su ateísmo es solamente *postulado*, y en absoluto *resultado* de su investigación. La posibilidad religiosa es descartada por él, al comienzo, más bien con un acto de voluntad que con razones críticas. No se ha tratado para él de elegir entre trascendencia e historicismo, sino de ir hasta el fondo del historicismo. Y el historicismo inmanentista se le ha revelado por aquello que es, contradictorio con el cristianismo".[57]

Pero hay otro motivo de interés de este artículo. En principio, el año de publicación, 1948. Es un año denso de acontecimientos para Italia, entre los cuales está la entrada en vigor de la constitución republicana, pero sobre todo porque se desarrollan las elecciones políticas del 18 de abril, en un clima de total contraposición entre el DC y Frente Popular, las primeras luego del alejamiento, por parte de De Gasperi, de comunistas y socialistas, del gobierno de unidad nacional que se formó en 1945 (inmediatamente después de la guerra de liberación). En este clima, en la editorial Einaudi, es publicado el primero de los seis volúmenes de los *Quaderni del carcere*. *Il materialismo storico e la filosofia di Benedetto Croce*, y del cual precisamente el texto de Del Noce representa una de las primeras reseñas. Esto para decir que hay un importante elemento de coyuntura en la base de las primeras reflexiones sobre Gramsci por parte de Del Noce. Me inclinaría a decir que es precisamente en el elemento coyuntural que debe identificarse la clave para entrar en los textos

---

[57] Id., "Atesimo marxista nel libro di Gramsci", en *Scritti politici*, cit., p. 152.

"gramscianos" de Del Noce. Así, en 1948 sus análisis tienen un objetivo polémico bien preciso: el revisionismo *católico* del marxismo (ej. Felice Balbo[58]) y, por lo tanto, los intentos de diálogo entre catolicismo y marxismo. Precisamente por esto son elogiadas la "extrema lealtad" y "el notable rigor crítico" de Gramsci: por su claridad teórico-política que no deja espacio a ambigüedades: ninguna conciliación entre católicos y comunistas.

¿Y *Il suicidio della rivoluzione*? Ya se ha hablado, en la apertura de estas páginas, sobre el elemento de contexto: el compromiso histórico, las discusiones internas a la DC, etc. Está luego –Del Noce lo recuerda precisamente al comienzo del ensayo– el referéndum sobre el divorcio, en 1974,[59] mientras que en 1978, el mismo año de la publicación del libro, es legalizada como resultado de un referéndum, la interrupción voluntaria del embarazo, por no mencionar otras cosas: el agotamiento, alrededor de la mitad de los años sesenta del empuje teórico que, desde los años cincuenta en adelante, había alimentado el debate interno al área marxista y la rápida difusión, dentro de la misma área, del así llamado "pensamiento negativo", del cual *Krisis* (1976), de Massimo Cacciari representa la obra, ciertamente, más notable y discutida, sobre todo porque documenta el interés emergente, en el ámbito de la cultura filosófica de izquierda, por aquellos autores anti-dialécticos –de Nietzsche a Heidegger, pasando por Wittgenstein– tradicionalmente extraños a tal cultura.[60]

Desde el punto de vista de Del Noce, estos eventos de distinta naturaleza se ubican todos al interno de las dinámicas de fondo de la sociedad opulenta, de la mentalidad irreligiosa, tecnocrática e individualista que la connota y, no menos importante, de la erosión progresiva de las tradicionales distinciones entre derecha e izquierda. Si no tenemos en cuenta este componente coyuntural, corremos el

---

[58] En el '48 Felice Balbo publica, en las páginas de la *Rivista di Filosofia*, "Religione e ideologia religiosa", un importante ensayo en el cual señala la condición del diálogo entre católicos y marxistas en el abandono de parte del marxismo de todo residuo metafísico destinado a producir una visión del mundo totalizante: despojado de sus elementos racionalistas-metafísicos, el marxismo se convertiría en un aliado del cristianismo en la crítica de sus formas históricamente dadas, hechas de alienación religiosa y promoción de ídolos al rango de dios. A las tesis de Balbo responde Del Noce, siempre en la *Rivista di Filosofia*, con "Marxismo e salto qualitativo": quienes, como Felice Balbo, consideran posible el *inveramento* cristiano del marxismo, deben separar el marxismo del racionalismo, más que leerlo como su radicalización extrema. En otras palabras, deben leerlo en términos meramente metodológicos, como algo separable de toda ambición *filosófica*, a saber: antropológica y ontológica. Pero, según Del Noce, se trata de un equívoco, debido en última instancia a la falta de problematización de la modernidad por parte de los comunistas cristianos, de su sustancial dependencia de la interpretación racionalista/inmanentista.

[59] Al respecto, recordamos que en 1970 precisamente Del Noce estuvo entre los promotores, junto a otras personalidades del mundo católico (ej. Giorgio La Pira), del principal protagonista del frente antidivorcio: el Comité para el referéndum sobre el divorcio. Cfr. E. Novelli, *Le campagne elettorali in Italia*, Laterza, Roma-Bari, 2018, *passim*.

[60] Cfr. M. Cacciari, *Krisis. Saggio sulla crisi del pensiero negativo da Nietzsche a Wittgenstein*, Feltrinelli, Milán, 1976, p. 7: "Si este libro significa algo, es que muestra la función positiva, concreta, que el pensamiento negativo desarrolla en la crisis del sistema clásico, tanto económico como "físico", y en la crisis del pensamiento dialéctico; licúa las separaciones abstractas entre pensamiento dialéctico y pensamiento negativo, operadas sobre la base de una concepción de este último como irracionalismo, o ideología-apología, o "liberación", utopía, discurso inmediatamente a-dialéctic".

riesgo de perder el cuadro conjunto dentro del cual se inscribe el texto. Más aún hoy, a más de cuarenta años de la primera edición. Ya que si es verdad que el objeto preminente del ensayo, su referente inmediato, es Gramsci, es también verdad que el fin que Del Noce se propone volviendo sobre Gramsci no es el de agregar a la lista una nueva interpretación de su pensamiento, sino más bien ir hasta el fondo en la *propia* interpretación transpolítica del siglo XIX: interpretación que, como hemos visto, tiene como motor al marxismo, como eje a la filosofía de Gentile y como momento terminal al nihilismo de la sociedad opulenta, neo-burguesa.

Y, en efecto, parecen ser precisamente estos los tres pilares que soportan el texto, con la tesis del suicidio de la revolución que los une y clarifica su nexo. ¿Cómo? Del Noce lo recuerda en un artículo publicado en 1978 en las páginas de *Rinascita*, revista mensual político-cultural del PCI. Se trata de un testimonio precioso porque ofrece las coordenadas para leer el texto, su ubicación coyuntural, su puesta en juego y su significado dentro de la propia interpretación de lo Moderno.

> Yo pienso que la historia de la década 1968-1978 es extraordinariamente interesante en cuanto a la clarificación y verificación de mi tesis fundamental. Se trata de una historia que se puede imaginar del siguiente modo: 1968-1974: se manifiesta lo que estaba implícito en la protesta como disolución radical de los valores que eran fundamento de la civilización occidental. 1974-1976: máxima actualidad del pensamiento de Gramsci, luego de cierto declive de su suerte desde los años sesenta en adelante. 1976-1978: declive de esta actualidad al punto tal que tal vez cualquier marxista, incluso no heterodoxo, convendría conmigo en la opinión sobre Gramsci "filósofo del suicidio de la revolución".[61]

Incluso antes que la obra de Gramsci, por lo tanto, el libro, y en particular el díptico "Gentile e Gramsci" y "Gramsci e il suicidio della rivoluzione", reconstruye la génesis ideal de una crisis en curso, la autodisolución del pensamiento de izquierda. La expresión "suicidio de la revolución" designa esta crisis. ¿Pero qué significa exactamente tal expresión? Del Noce lo aclara desde las primeras líneas, al comienzo de la introducción del volumen: "Que el cumplimiento de la revolución coincide con su suicidio y que el momento presente de la historia no puede ser definido de otro modo más que como proceso hacia este suicidio". E inmediatamente después él explica porque esto sucede necesariamente: "La idea revolucionaria implica la unidad de dos momentos, el negativo como desvalorización del orden tradicional de los valores, y el positivo como instauración de un orden nuevo. Se produce el suicidio si en el proceso de la realización los dos momentos se escinden, y si deben hacerlo necesariamente. Entonces, más que el pasaje al nuevo orden, tenemos la recaída en el viejo orden, pero completamente profano".[62]

Es evidente que aquí está en juego el concepto de descomposición del marxismo, ampliamente analizado por Del Noce en su producción precedente. En estas líneas, en efecto, regresa la idea según la cual el concepto de revolución vehiculizaría

---

[61] A. Del Noce, "Gramsci e il "suicidio della rivoluzione", en *Rinascita*, 23, 1978, p. 20.

[62] Id., *Il suicidio della rivoluzione*, cit., p. 6.

contenidos teológicos, pero transvalorados (en sentido neo-gnóstico). Y regresa el concepto de descomposición, puesto en marcha por Gentile aunque todavía en modo muy inestable y compromisorio, en tanto escisión del momento negativo de estos contenidos (la institución del orden nuevo como nuevo *Eón* de la historia).

Pero todo esto regresa con un elemento ulterior: "La historia contemporánea italiana –desde el advenimiento del fascismo hasta hoy– puede ser vista como el microcosmos en el cual leer *in vitro* la forma que el posible ocaso mundial de la civilización, como suicidio de la revolución, debería asumir".[63] Aquí no se encuentra solamente la afirmación de la centralidad del caso italiano, sino el nexo identificado entre el microcosmos italiano, el suicidio de la revolución y el ocaso mundial de la civilización. Sin embargo, se trata de una afirmación comprensible si consideramos el esquema interpretativo dentro del cual se ubica: el marxismo como sujeto de la historia contemporánea; la controversia –"la primera que se tuvo en el mundo"– que ha habido en Italia entre 1985 y 1990 sobre el marxismo teórico; la posición, interna a tal controversia, de Gentile, el primero en haber llamado la atención sobre las *Tesi su Feuerbach*, más que sobre el *Anti-Dühring* de Engels, pero sobre todo el primero que, colocándose más allá de la oposición entre ortodoxia y revisionismo, habría abierto una nueva línea de la crítica marxista, aquella del *inveramento*.

En *Il suicidio della rivoluzione* se introduce sobre esta línea del *inveramento* la posición de Gramsci, a partir de su polémica anti-crociana, de la cual Del Noce ofrece una original (y delicada) inversión interpretativa respecto del mismo Gramsci. Inversión que en extrema síntesis puede ser formulada en los siguientes términos (extraídos del libro póstumo *Giovanni Gentile*):

> En mi ensayo sobre Gentile y Gramsci en el vol. *Il suicidio della rivoluzione*, pienso haber demostrado cómo Gramsci, creyendo llegar, a partir de la filosofía de Croce, por él considerada como la re-traducción en forma de filosofía especulativa de la filosofía de Marx, a la expresión más rigurosa del marxismo, librado de los aspectos que habían podido dar lugar a las incomprensiones positivistas y deterministas, ha encontrado el pensamiento de Gentile. Y esto porque la filosofía crociana se relaciona con la filosofía de la praxis de Gentile y no con la de Marx, como una reproducción en forma de filosofía especulativa. Lo encontró en una versión suya revolucionaria de la cual el actualismo es susceptible, pero a condición de perder su momento de verdad. Lo que ha sucedido sucesivamente, a saber, la coincidencia entre el declive irreversible de la suerte de Gramsci y el pasaje del pensamiento de izquierda al nihilismo, me parece que es la confirmación de todo esto.[64]

En definitiva, según Del Noce, creyendo proceder más allá de Croce, el historicismo absoluto de Gramsci habría encontrado, al margen de sus intenciones, no tanto a Marx, sino a Gentile, en un proceso progresivo de hacer coherente la filosofía de la praxis, paulatinamente despojada de cualquier componente metafísico o religioso, todavía presente en Gentile. Ya que si este último había criticado el residuo metafísico representado en Marx por el materialismo y por el economicismo, la filosofía

---

[63] *Ibid.*, p. 7.

[64] *Ibid.*, p. 8, *Giovanni Gentile*.

de la praxis gramsciana englobará dentro de tal crítica –actualizada en aquella al economicismo mecanicista bujarinano– el mismo actualismo gentiliano, ofreciendo una versión coherente, a saber, excusada de una vez por todas de aquel imposible elemento de compromiso del inmanentismo moderno con la tradición, que había llevado a Gentile a la interpretación del actualismo en clave "risorgimentale" y de su consiguiente adhesión al fascismo.

Y todo esto lleva a dos importantes consecuencias, no sólo para la posición teórica gramsciana, sino sobre todo para explicar su legado (la última frase de la cita señalada: "aquello que ha sucedido sucesivamente...").

Primera consecuencia: con su recomprensión superestructural del marxismo, Gramsci empuja al máximo la crítica a la metafísica y a los valores de la tradición en los cuales históricamente se ha encarnado: todo valor que se pretenda absoluto, trascendente, suprahistórico, representa un punto de resistencia a la avanzada de la modernidad, entendida como afirmación de una visión del mundo íntegramente inmanente (donde, el marxismo mismo, si se absolutiza como algo eterno, recae en una ideología teologizante). La tarea de la filosofía se convierte en primer lugar en aquella de llevar hasta el final dicha crítica, al punto de convertirse de modo consciente en instrumento de lucha ideológica, y por lo tanto en ideología orgánica, dirigida a la emancipación del proletariado. Esta insistencia sobre el antagonismo de la filosofía de la praxis "con todas las filosofías y las religiones tradicionales" explicaría, según Del Noce, la extraña paradoja de la posición teórico-política gramsciana, donde coexistirían el máximo de tensión revolucionaria y el máximo de moderación. Que la filosofía de la praxis signifique "pensamiento revolucionario llevado al límite de la coherencia" es indudable, observa Del Noce, pero con el agregado de que "por otra parte, no hay escritor marxista que restrinja como él la polémica antiburguesa; se trata de una posición obligada, dado que el concepto de modernidad incluye tanto al mundo burgués como al mundo comunista".[65]

Segunda consecuencia: el concepto mismo de revolución, la única salida política coherente con la filosofía de la praxis, es despojado de sus residuos metafísicos o religiosos. Vinculado a la crítica de la trascendencia religiosa y de estos residuos premodernos, tal concepto debe converger en aquellos –coherentes con las condiciones históricas del Occidente moderno, industrial, burgués– de hegemonía y de guerra de posición: no el asalto al Palacio de Invierno, y por lo tanto no la reducción a un acto o a una ruptura brusca, sino un largo y paciente proceso ideológico-cultural de erosión de lo existente, de conquista de la sociedad civil y de creación de un nuevo sentido común, "en el cual no reaparezcan más las preguntas metafísicas tradicionales". Es ésta, según Del Noce, la versión gramsciana de la revolución, alternativa a la gentiliano-fascista, pero como esta última, "ya no marxista", pero esencialmente "ulterior al marxleninismo". En extrema síntesis: ya no marxista porque es ideológica antes incluso que económica, y porque está despojada de cualquier residuo metafísico mesiánico, de origen neo-gnóstico.

---

[65] Id., *Il suicidio della rivoluzione*, cit., p. 325.

Ahora, si consideramos que según Del Noce estas son las características principales del legado gramsciano, se vuelve claro por qué según el filósofo turinés es el PCI y Gramsci los que tienen su momento de máxima expansión entre el '68 y el '76: según su reconstrucción, estos son los años en los cuales la crítica a los valores absolutos o tradicionales, marcados inevitablemente (y gramscianamente) como pre-modernos, fascistas o reaccionarios, llega a conquistar importantes sectores de la sociedad italiana, volviéndose, de hecho, el discurso hegemónico de la época. Pero, y aquí el punto fundamental: por el mismo motivo, son los años en los cuales madura, desde la izquierda, la despedida de Gramsci mismo, a saber: de toda fe revolucionaria en la posibilidad de subvertir el presente para edificar el orden nuevo. Y ésto porque el pensamiento crítico llevado a sus extremas consecuencias –la "cultura gramsciana", escribe Del Noce, distinguiéndola de alguna manera del mismo Gramsci, del cual subraya "la perfecta lealtad intelectual" y del cual reconoce que "habría despreciado a los intelectuales especuladores de la conjugación entre marxismo, psicoanálisis de izquierda y decadencia sádica"– habría erosionado toda fe, no sólo las del pasado, sino también la marxista en su componente mesiánico.

Si en Gramsci, el socialismo debía reemplazar al cristianismo, hacia el fin de los años setenta, agrega Del Noce, es precisamente el socialismo el que sufre la misma obra de desmitificación que el cristianismo: ninguna edificación, so pena de recaer en la metafísica, puede plasmarse en el proceso de corrosión de las antiguas fes. Es así que la destrucción de la trascendencia termina por involucrar al operador mismo de esta destrucción; resultado: si la posibilidad de lo nuevo sufre la misma crítica de lo antiguo, en otras palabras: si la fe en la revolución desaparece, se pierde su fuerza movilizadora. Si desaparece la confianza de que a lo negativo le sigue lo positivo, aquello que surja de esta disolución no será la edificación del nuevo mundo, sino la recaída en el viejo mundo totalmente profanado. En definitiva, "suicidio de la revolución" significa antes que nada disociación entre el momento negativo y el positivo, negación y afirmación; significa que la negación de lo dado no se invierte dialécticamente en la afirmación de lo nuevo, sino que se limita a restituir lo dado despojado de aquellos valores que lo orientaban. Incluso: no significa –según una lectura ingenua pero persistente del nihilismo, sobre todo a nivel propagandístico– que los valores tradicionales no existan más, o que hayan perdido absolutismo; significa, más bien, que, pasados por el tamiz de la desmitificación y de la crítica, han perdido fuerza movilizadora, han perdido la capacidad de legitimar (o de transformar) el orden existente, limitándose a cubrir la esfera privada sin producir un *vínculo* político-social.

Para comprender cómo Del Noce ha llegado a dar una interpretación tal de Gramsci y del gramscismo, es necesario tener en cuenta las circunstancias e historizar la interpretación.[66] Que es lo que ha hecho Pasquale Serra, probablemente el

---

[66] Es evidente, en efecto, que el Gramsci "gentiliano" de Del Noce no es el Gramsci histórico: que en la crítica a Croce, Gramsci haya reencontrado a Gentile, se lo puede sostener, pero con la condición de agregar que se trata de un Gentile que sale totalmente del actualismo; el subjetivismo gramsciano no está en absoluto privado de vínculos, toda su obra lo confirma. Sobre el tema, cfr. B. De Giovanni, "Sulle vie di Marx filosofo

más original lector de Del Noce, en el libro *Metafísica e storia*, de 1995, y luego en un robusto ensayo de 1996, "Filosofia e libertà. Osservazioni sul rapporto tra Del Noce e Gramsci". En estos textos se aclara cómo el interlocutor real de Del Noce no es tanto Gramsci como una singular forma de gramscismo, el hegelo-marxismo, que se formó en los primeros años setenta, el cual, formado en relación con el '68 y a través de la mediación de Gramsci, ha intentado reclasificar al marxismo como ciencia social crítica, como crítica del presente, despojando toda referencia al socialismo de cualquier connotación empírica, como realidad o como modelo.[67] "Ahora –observa Serra– la integral resolución de la problemática del socialismo en la crítica del presente hace al socialismo, de hecho, inaccesible a los sujetos históricos que refieren y que tienden hacia él. Subrayando la inefabilidad del socialismo, la "ciencia social crítica" tiende a convertirse en "misticismo" o en puro "activismo"".[68] Es por este motivo, concluye Serra, que Del Noce puede sostener que, entre el '76 y el '77, el gramscismo se convierte en nihilismo. En el gramscismo hegelo-marxista, cuyo máximo exponente ha sido probablemente Leonardo Paggi, "hay, en efecto, toda una problemática del pensamiento negativo", si bien comprendida dentro del esquema dialéctico (una suerte de dialéctica entre ser y deber-ser, siempre abierta hacia lo nuevo, siempre irreductible a lo dado). Así, leemos en *Metafísica e storia*: "A través de esta reformulación del marxismo fue posible establecer una conexión con el '68. Es sobre la crítica de lo dado que el '68 y el PCI se encuentran y el PCI incorpora de alguna manera al '68. Cuando –a partir de 1976– este proyecto entre en crisis, asistiremos a la rapidísima disolución de la teoría hegelo-marxista. Pero asistiremos también a la rápida difusión del "pensamiento negativo". El "pensamiento negativo" –este era el punto firme de la reflexión de Del Noce– es solamente el registro de la disolución del hegelo-marxismo. No es casualidad –según Del Noce– que todo esto coincida con el redescubrimiento del Nietzsche de Heidegger: es decir, con el redescubrimiento de Heidegger. [...] Es dentro de este complejo contexto que Del Noce escribe *Il suicidio della rivoluzione*".[69]

9. Conclusiones. Razones de una confrontación

Me dirijo a las conclusiones de estas páginas mencionando otros dos puntos de análisis de Del Noce: son puntos extremadamente tensos, que sirven ejemplificar toda la argumentación.

---

in Italia. Spunti provvisori", en *Il Centauro*, 9, 1983, p. 20; F. Izzo, "Filosofia della prassi e concezione della modernità", en *Critica marxista*, 2-3, 1987, pp. 141-165; L. Laporta, "Gramsci secondo Del Noce o Gramsci secondo Gramsci", en *Crítica marxista*, 3, 1993, pp. 65-71; R. Esposito, *Pensiero vivente*, cit., pp. 179-181.

[67] Cfr. F. Blasi, *Introduzione alla École barisienne*, Laterza, Roma-Bari, 2007.

[68] P. Serra, "Filosofia e libertà. Osservazioni sul rapporto tra Del Noce e Gramsci", en AA. VV., *Augusto Del Noce e la libertà. Incontri filosofici*, a cargo de C. Vasale y G. Dessi, SEI, Turín, 1996, p. 160.

[69] Id., *Metafisica e storia*, cit., p. 52. Sobre este punto, cfr. P. Serra, *Americanismo senza America. Intellettuali e identità collettive dal 1960 a oggi*, Dedalo, Bari, 2002, pp. 44-58.

El primero refiere a la nueva figura de intelectual que habría ido afirmándose sobre el final de los años setenta, precisamente como consecuencia de la renuncia a la mentalidad mesiánico-revolucionaria de la cual hemos hablado. Es una figura que, según Del Noce, habría dado terror a Gramsci, dado que, leemos en "Gentile e Gramsci", "al intelectual era asignado por Gramsci una función un poco similar a aquella que Marx asignaba al proletariado: la de quien, librándose a sí mismo, libera al mundo". La nueva figura de intelectual es algo muy distinto: es el que Del Noce llama "el intelectual profano" o "desmitificador", surgido por descomposición del intelectual orgánico. Y aquí está el punto: el intelectual desmitificador, lejos de oponerse al orden económico y social dado, terminaría, a su pesar, por convertirse en un mero funcionario, un colaborador indirecto de expertos empresariales y técnicos (las otras figuras que van afirmándose paulatinamente).

En efecto, continúa Del Noce, la crítica llevada al extremo, hasta el suicidio de la revolución, está muy lejos de destruir el orden económico-político dado y el dominio que ocupa en él la burguesía: se limita, más bien, a despojarlo de aquellos valores (parsimonia, honestidad, honor, responsabilidad, etc.) que lo legitimaban a los ojos de la propia falsa conciencia (o que servían de obstáculo a esta), permitiéndole manifestarse en estado puro, separado de cualquier moralismo, y en línea con la ideología espontánea de la burguesía: "la negación de cualquier hecho que trascienda el fenómeno inmediato". Es así que el intelectual profano se convertiría en el alter ego del técnico, en su puerta de entrada, en una perfecta división de los roles: una vez que haya sido completamente desacralizado, el orden social dado se convierte en un orden que se trata únicamente de administrar, y esto en línea con la única forma de racionalidad plenamente homogénea a tal orden: la razón instrumental.

Aquí, los análisis de Del Noce captan indudablemente el problema. Se trata de uno enorme, quizás el problema de fondo que, todavía hoy, se persigue, pero no se resuelve, el pensamiento filosófico "radical", al menos en occidente. En un libro de ya hace algunos años, Giuseppe Vacca lo formulaba muy claramente: "Sin autonomía filosófica no hay autonomía política ni programática del socialismo. Siendo, por definición, un movimiento histórico mundial, el socialismo no puede desarrollarse sin plantearse el problema del propio fundamento".[70] Si suspendemos por un momento la referencia al socialismo, vemos cómo el problema evidenciado por Vacca, en la línea de Del Noce, permanece todavía hoy, esencialmente invariable: ¿cómo resolver la tensión entre trabajo teórico, instancia crítica y cuestión filosófica del fundamento? Cuestión particularmente importante hoy, en la medida en que el tiempo presente parece verdaderamente atrapado en el cepo letal trazado, en su momento, por Del Noce: regreso a los valores religiosos de la tradición o disolución crítica de estos.

Sin embargo, si es verdad que esta es una falsa alternativa, es necesario dar respuesta a quien, como Del Noce, ha puesto en evidencia en modo tan claro cómo el momento negativo de la crítica, por sí mismo, no se invierta milagrosamente en el momento positivo, al contrario: a base de ejercitarse en operaciones de desmontaje y

---

[70] G. Vacca, *Gramsci e Togliatti*, Editori Riuniti, Roma, 1991, p. 114.

deconstrucción de lo dado, la filosofía corre el riesgo de reducirse a un mero campo de batalla ideológico; corre el riesgo de separarse aristocráticamente del tejido del mundo de la vida y del sentido común –que está hecho no sólo de falsa conciencia, sino *también* de tradiciones, certezas, esperanzas, expectativas–[71] excluyéndose la posibilidad de interpretarlo aún antes de cambiarlo.

Que en Italia, entre finales de los años setenta y comienzo de los ochenta, movimientos intelectuales en sentido lato "nihilistas" –como el pensamiento *negativo*, el pensamiento *débil*, o la *crítica* de la razón– se hayan impuesto precisamente en los ambientes culturales de izquierda es un dato que amerita todavía hoy ser indagado. Que la razón profunda sea identificada, según la tesis de Del Noce, con la influencia de un largo período de la "cultura gramsciana", esta es seguramente una pista original, pero a seguir con extrema cautela: dado que si nos casamos *íntegramente* con el esquema "suicidio de la revolución", y si al mismo tiempo queremos *evitar* el callejón sin salida entre absolutismo de los valores (cristianos) y nihilismo –o, en otros términos: si rechazamos la garantía metafísica sobre la cual se sostiene toda la construcción delnociana–[72] no quedan más que dos vías a transitar: aquella del retorno al pensamiento liberal (es el caso de De Giovanni) o aquella de la caída en un pesimismo de tinte trágico (es el caso de Tronti).

Pasamos ahora al segundo punto de máxima tensión antes de concluir. Refiere a un proceso de disolución análogo al del intelectual orgánico, y por las mismas razones: es el proceso de auto-disolución del Partido Comunista Italiano, del cual Del Noce describe la absorción y el consenso dado al orden democrático neocapitalista, coherente con el abandono de toda fe revolucionaria y con la sustitución de la lucha de clases con el conflicto entre modernidad y tradición, con toda la letanía de oposiciones que este conflicto trae consigo, como "progreso-reacción", "desarrollo-atraso", "burguesía progresiva-burguesía atrasada", etc. Pero Del Noce va más allá: no sólo el PCI habría perdido la fe en la ruptura revolucionaria, no sólo se habría, de hecho, transformado en un partido moderado, no sólo habría antepuesto al concepto de revolución aquel de modernización; hay más: según Del Noce, en un mundo en el cual cualquier forma de religión llegase a erosionarse, tanto la católica como la comunista, el comunismo italiano se habría convertido en un componente decisivo de la sociedad burguesa, en la medida en la cual habría

---

[71] Sobre este punto, cfr. R. Fanciullaci, *L'esperienza ética. Per una filosofia delle cose umane*, Orthotes, Salerno, 2012. Según el autor, no corresponde a la filosofía inventar nuevos recursos o mediaciones, ni limitarse a criticar los existentes, sino que debe hacerse cargo de nuestro deseo de transformación, teniendo abiertas –a saber: fluidificando y rearticulando– las mediaciones simbólicas con las cuales elaboramos nuestra experiencia y que, a menudo, a causa de su misma configuración histórico-social, tienden a fosilizarse como algo inmediato y no asumido.

[72] B. De Giovanni, "Sulle vie di Marx", cit., p. 20: "Sobre toda la tesis de Del Noce pesa un presupuesto de filosofía de la historia que unifica la filosofía europea del siglo XX, modernización, secularización y nihilismo. [...] En el horizonte de esta mirada "desde lo alto", las distinciones se dispersan como particulares de una filología irrelevante. Para quien, sin embargo, no acepta esta imagen de la modernidad, las distinciones se vuelven esenciales".

representado la fuerza política más adecuada para garantizar el orden social en el pasaje de la antigua a la nueva forma de capitalismo, tecnocrática e instrumentalista.

También en este caso nos encontramos de frente a una tesis decididamente delicada, pero que al mismo tiempo hace pensar. En primer lugar, ¿por qué delicada? No es un misterio, al menos en Italia, que Del Noce ha despertado particular interés sobre todo entre las filas del pensamiento neo-conservador (Rocco Buttiglione, Marcello Veneziani, Diego Fusaro, etc.), cuya propaganda cita a menudo los análisis sobre la protesta y sobre el gramscismo para dar fuerza y sostén a la propia lectura, extremadamente crítica de los procesos político-culturales que tuvieron lugar en Italia a partir del '68. Que ese año fue un formidable acelerador de la modernización del país ya es una tesis consolidada entre los historiadores. Muy distinto es pensar que el '68, pero más en general el comunismo italiano, haya sido la causa de la afirmación del nuevo espíritu capitalista: negociador, tecnocrático, libertino. Ahora, Del Noce no parece decir exactamente esto, o mejor: su posición es mucho más problemática de cuanto parezca en una primera mirada. Antes que nada, es una posición que tiene algo definitivamente trágico, algo que en los ideólogos de derecha se pierde completamente y que es posible resumir con las palabras que Mario Tronti ha dirigido a los análisis delnocianos sobre el suicidio de la revolución (por lo demás, por él mismo compartidos): "Una previsión profética más que un augurio. Tengo la impresión de que habría preferido continuar confrontándose, incluso si sus posiciones son antagonistas, con un horizonte marxista que conservase su identidad social y filosófica fuerte".[73] Una previsión y no un augurio, entonces. Palabras, entre otras cosas, anticipadas por el mismo Del Noce, que ya en 1970 observaba como en la victoria de la sociedad opulenta sobre el marxismo "es muy dudoso ver algo de positivo".[74]

Pero hay otro elemento de problematicidad que es evidenciado. En *Il suicidio della rivoluzione* –el texto, tal vez, más citado entre sus discípulos neo-conservadores– allí donde es analizada la relación entre hegemonía cultural del gramscismo y afirmación del neo-capitalismo, Del Noce somete la argumentación a una curiosa oscilación terminológica: por un lado, el gramscismo parece ser el motor determinante, la causa, del advenimiento del neo-capitalismo, por otro lado, los términos recurrentes para calificar su relación son términos como: "ocasión", "transición", "absorción", "alineación", "consenso", etc. Ejemplo: "En su versión gramsciana, el partido revolucionario proporciona la *ocasión* al espíritu burgués de realizarse en estado puro. La transición gramsciana se encuentra así completamente *absorbida* en el pasaje de la antigua a la nueva forma de capitalismo".[75] Es evidente que en los ideólogos actuales de derecha la hegemonía cultural de la izquierda (en la segunda posguerra) es leída no tanto como ocasión, sino más bien como causa directa de la afirmación del "inmoralismo" neo-capitalista. Es evidente que el peso dado a uno o

---

[73] Cfr. P. L. Fornari, "La fedeltà creatrice di Del Noce contro il nichilismo", en *Avvenire*, 22 de marzo de 2006.

[74] A. Del Noce, *L'epoca della secolarizzazione*, cit., p. 222.

[75] Id., *Il suicidio della rivoluzione*, cit., p. 325.

al otro término vehicula esquemas de lectura de lo real y programas políticos muy diferentes entre ellos. Si el gramscismo es la causa del advenimiento del espíritu neo-burgués, entonces hay una cesura (que coincide por ejemplo con el '68) entre este último y la antigua burguesía capitalista. Como decir que hay un capitalismo bueno y uno malo, el primero conciliable con los valores de la tradición, el segundo, hijo de la izquierda. Sin embargo, no estaría tan seguro que esta lectura sea del todo coherente con aquello que sostiene Del Noce, cuyas reflexiones sobre el espíritu de la burguesía capitalista –sobre su "ideología espontánea", por ejemplo– resultan espectacularmente más cercanas a las de un Marx que a las de un Weber, de modo que, entre la vieja y la nueva burguesía, más que cesura parecería haber una relación de purificación y realización.

Queda luego el problema de fondo, que los ideólogos neo-conservadores no captan en lo más mínimo y que, en cambio, es el punto de un aspecto decisivo de los análisis delnocianos: la crisis de la izquierda, su homologación al "espíritu burgués", la progresiva erosión de su imaginario "religioso" (paralela a la reducción a batalla ideológica del trabajo teórico), es parte, y *no* solución, de la crisis de la política en Italia (y probablemente no sólo en Italia). Por otro lado, ya Claudio Napoleoni, en una carta escrita a Del Noce el 22 de abril de 1988, confesándole el arrepentimiento por no haber dialogado demasiado con él, reconoce la seriedad de sus análisis, a los cuales da plena confirmación, incluso partiendo de posiciones políticas opuestas a las suyas, y le plantea la pregunta que más lo acosa: "luego de esta suerte del pensamiento revolucionario, ¿Qué sucede con la política?". Una cuestión que, evidentemente, atormenta al mismo Del Noce. En las primerísimas páginas de *Il sarto di Ulm*, Lucio Magri –entre los fundadores, en 1969, del "manifiesto"– haciendo un balance de la parábola comunista, reconoce precisamente a Del Noce el haber captado, mucho antes del '89, el punto muerto al cual habría llevado el "suicidio de la revolución". "Un extraordinario fenómeno de heterogénesis de los fines, que él, católico conservador e intransigente, creía haber previsto, pero del cual tenía pocas razones para complacerse".[76]

Por esto hay otra postura para acercarse a Del Noce; una postura que, más bien que cerrar o tapar cuestiones, permite abrir algunas. En un artículo aparecido en 2015 en las páginas de *Rivista di Politica*, Pasquale Serra explica las razones de su interés hacia el filósofo turinés, a partir de la mitad de los años setenta y de una postura marxista, hacia el filósofo turinés: "Del Noce me servía sobre todo para sostener algunas tesis: a) que el marxismo de los años setenta no era una forma de arcaísmo, como sostuvo todo el revisionismo de los años '70/'80, desde Bobbio a Cacciari, desde Colletti a Negri; b) que la crisis del marxismo estaba conectada con la de la modernidad, y que su superación exigía repensar la modernidad, antes que

---

[76] L. Magri, *Il sarto di Ulm. Una possibile storia del PCI*, Il Saggiatore, Milán, 2009, p. 15. Mario Tronti, reseñando un libro de Magri, confiesa su apreciación por esta referencia a Del Noce, del cual reformula la tesis en estos términos: "La derrota de este heroico intento de realización ha producido, paradójicamente, el triunfo, que parece definitivo, del capitalismo-mundo" (artículo publicado el 25 de febrero de 2010 en el sitio del *Centro per la riforma dello Stato*).

una recuperación acrítica de la misma, como, en cambio, se hizo a partir de entonces y hasta hoy; c) que dentro de la crisis de la modernidad, y en las inmediaciones de la "parálisis escatológica" del marxismo, podía tomar un vigor renovado la cultura política de derecha, o también producirse una nueva relación entre fascismo y actualidad, entre fascismo y crisis; d) y que para exorcizar este riesgo no se debía contraponer a esto una recuperación de la modernidad, una ulterior radicalización de esta, porque es exactamente esta radicalización que produce, y que ha producido, como reacción a ella, aquella problemática y aquellos peligros".[77]

El problema con Del Noce, continúa Serra, es que en su planteo metafísico no existe trascendencia desvinculada del ordenamiento político, y por lo tanto entre cristianismo y mundo: esta relación es resuelta *de una vez por todas* en el catolicismo y en la tradición que se inspira en este (la línea Agustín-Descartes-Rosmini y la doctrina de la Iglesia romana). En Del Noce no existe desvío de pensamiento respecto del mundo de la facticidad histórica: respecto de lo Moderno, por ejemplo, él identifica claramente otra línea (agustiniana) paralela a la dominante (pelagiana, neognóstica), pero en este esquema no hay espacio para una auténtica trascendencia ni para una auténtica apertura a lo nuevo (y por el mismo motivo no hay espacio para Gramsci *más allá* del gramscismo). Aquí está porque, completamente coherente con su planteo, Del Noce estaba convencido de que la *única* posibilidad de resistencia al neo-capitalismo pasa por la transición de los excomunistas hacia el catolicismo: "Frente a la evidencia de la derrota, puede ser que una parte influyente del pensamiento comunista se disipe en una refundación de la crítica del espíritu neoburgués, en su evolución reciente: y con ello, en el reconocimiento de que la única fuerza existente capaz de oponerse es el pensamiento católico".[78]

Aquí está claramente su defecto básico: la perspectiva según la cual la modernidad sería detenida o contenida en nombre de la tradición, es una perspectiva asfixiante, limitada, inconcluyente, dado que, de hecho, congela el movimiento histórico dentro de esquemas rígidamente teológico-políticos.[79] El regreso a la tradición puede, precisamente, frenar, oponerse o resistir a la modernidad, pero no puede transformarla, y a la larga –como muestra la historia italiana de los últimos veinte años, de los cuales los análisis delnocianos aparecen efectivamente como una autobiografía *ante litteram*– puede ser fácilmente absorbida por ella, sirviendo como su mero suplemento de alma.

¿Esto significa entonces que la lección de Del Noce se deje a los neo-conservadores y a sus exegetas tradicionalistas? Evidentemente no. En efecto, si se libera de su posición rígidamente metafísica, la confrontación con Del Noce y con las cuestiones que su pensamiento plantea, puede servir todavía hoy como potente

---

[77] P. Serra, "L'incontro con Del Noce in una ricerca marxista. Marxismo, teologia politica, filosofia della trascendenza", en *Rivista di Politica*, 2015, n. 3, pp. 117-141, (formato Kindle).

[78] A. Del Noce, "L'impero è sacro", en *Il Sabato*, 9 de diciembre de 1989.

[79] Sobre este punto cfr. R. Esposito, *Il pensiero vivente*, cit., p. 229: "[en Del Noce] si el núcleo constitutivo de la filosofía es de tipo teológico –relativo a la aceptación o al rechazo de Dios– su forma es inevitablemente política y, más precisamente, teológico-política".

provocación para el pensamiento laico, en particular el de inspiración gramsciana: ¿Cómo salir de la prensa en la cual hoy estamos apretados, la prensa entre retorno político a la religión y pensamiento crítico-negativo? Es decir, ¿cómo reabrir la trascendencia (por ejemplo, de un nuevo sentido común), evitando hacer de esto una idea límite, o una especie de aristocrático anhelo a lo totalmente Otro, pero al mismo tiempo sin asfixiarla completamente con lo teológico político? ¿Cómo evitar que el trabajo teórico, incluso en contacto con la coyuntura, no se reduzca a mera batalla ideológica? Entonces, precisamente con referencia a Gramsci, podríamos replantear la verdadera pregunta –más allá del mismo Del Noce y de la reducción que él ha llevado a cabo de Gramsci al gramscismo–, la verdadera cuestión de fondo que atraviesa, en cada una de las páginas, a *Il suicidio della rivoluzione*: "Concedamos también que él no podía prever esta evolución del espíritu burgués. ¿Hay sin embargo en su pensamiento algún elemento tal como para hacer pensar en un desarrollo que le ofrezca la capacidad de afrontarlo?".[80]

---

[80] A. Del Noce, *Il suicidio della rivoluzione*, cit., p. 329.

INTRODUCCIÓN (a *Il suicidio della rivoluzione*) [1]

1

Se ha insistido mucho en la necesidad de usar términos gnósticos para definir la idea de revolución. El eón actual está de tal modo corrompido, las condiciones de la humanidad son tan miserables que la disolución del orden universal resulta necesaria; la revolución no será una nueva forma histórica en el interior del eón actual, sino que conllevará su cancelación. Por consiguiente, la idea de revolución total implica el rechazo radical de la sociedad existente y el mito de un estadio final y perfecto. O, en otros términos: la Revolución con mayúsculas y sin plural, es el evento único, doloroso como el trabajo de parto, que funciona como pasaje del reino de la necesidad al de la libertad representado –como no puede ser de otra manera– a través de una simple negación de las instituciones y de las ideas del pasado; que engendra un futuro en el cual no habrá nada parecido a la vieja historia; y que, en esto, es la resolución del misterio de la historia.

Considerando la idea de la revolución total en el sentido más estricto, que es el marxista, podemos definirla como la sustitución de la indagación de la metafísica (de la racionalidad que es interior a lo real, con el consiguiente primado de la contemplación de un orden, al cual uno prácticamente debe conformarse) por la de la instauración de una *meta-humanidad*, caracterizada por la recuperación de los poderes de los que el hombre debió alienarse en la fase recorrida hasta hoy por el proceso histórico, para proyectarlos en Dios. Si se quiere usar el lenguaje religioso, podemos hablar, con relación a la teoría de la Redención, de una autoliberación de la humanidad a través de la historia o, mejor, de una liberación *operada por la historia*, porque en la segunda fase del pensamiento de Marx, la cual se inicia con las *Tesis sobre Feuerbach*, desaparece la noción misma de naturaleza o de esencia del hombre, de modo que la humanidad, antes que redimirse, es redimida por la historia, sin que por eso se pueda hablar de fatalismo. El futuro remplaza el más allá, y con relación a esa sustitución-oposi-

---

[1] Texto introductorio al libro *Il suicidio della rivoluzione* (1978) que ofrecemos al lector a modo de contextualización del ensayo aquí publicado. [N. del E.]

ción, todos los conceptos teológicos retornan en el pensamiento revolucionario, pero con un valor completamente transformado.

Estas nociones generales, a las cuales, por otra parte, la difusión de las ideas de Bloch nos ha habituado, nos permiten también definir el sentido de "suicidio de la revolución". No se pretende aludir con esta expresión a una derrota de las fuerzas tradicionalistas o a su incapacidad con respecto a la eversión de las estructuras existentes; se quiere decir que el *cumplimiento de la revolución coincide con su suicidio* y que el momento presente de la historia no puede ser definido de otra manera que como un proceso hacia ese suicidio. ¿Por qué necesidad ocurre esto? La idea revolucionaria comporta la unidad de dos momentos, el negativo, como desvalorización del orden tradicional de los valores y el político como instauración de un orden nuevo. Sobreviene el suicidio, si en el proceso de la realización los dos momentos se escinden, y si deben escindirse de manera necesaria. Entonces, antes que el pasaje al orden nuevo, tenemos la recaída en el orden viejo, pero completamente desacralizado. Aquí encontramos el sentido de dos términos de vasta circulación: nihilismo y totalitarismo. ¿Por qué el término totalitarismo ha asumido un sentido negativo? En rigor, no se puede pedir al revolucionario que no piense en términos de totalidad o de escisión total porque eso equivaldría a pedirle que no lo sea; y, puesto que la revolución es sustitución de la religión por la política en la liberación del hombre, el "pasaje a otro eón" no puede ser pacífico. Así, como consecuencia de la suspensión de la desvalorización nihilista, el totalitarismo revolucionario se convierte en el nihilismo en el poder, en la opresión máxima como consecuencia de la destrucción de toda unidad ideal, en la absorción del consenso en la coerción.

Ahora bien, los ensayos contenidos en el presente volumen[2] desarrollan la siguiente tesis: la historia contemporánea italiana –desde el advenimiento del fascismo hasta hoy– tiene un carácter paradigmático por el estrecho paralelismo filosófico-político que la caracteriza; puede ser vista como el microcosmos en el cual es posible leer *in vitro* la forma que debería asumir el posible ocaso mundial de la civilización, como suicidio de la revolución.

2

Semejante tesis no resulta familiar y exige algunas palabras que la aclaren. Por eso, partamos de una tesis que en general es ampliamente aceptada: la de la presencia, en *La Voce*[3], de gérmenes tanto del fascismo como del antifascismo. ¿Cuáles son los datos esenciales que esa tesis reclama atender?

---

[2] Del Noce refiere al conjunto de ensayos publicados originalmente en italiano de los cuales se publica aquí el que dio nombre al libro. [N. del E.]

[3] Toda la primera mitad del siglo XX que luego desemboca en el fascismo encuentra en este periódico una primera incubación. Prezzolini y Papini comienzan allí la revuelta de los intelectuales contra la "Era Giolittiana"; luego vendrá el nacionalismo al que le seguirá el fascismo. También Gramsci se forma en este ambiente. [N. del E.]

Enero de 1911. *La Voce* descubre que Gentile no es la "sombra" de Croce. No es, como entonces se prefería pensar, un profesor técnicamente bien preparado que Croce había asociado a su programa de conquista intelectual de Italia y había destinado a la tarea de hacer frente a los ataques para él más fastidiosos: los de los profesionales de la filosofía. Es un filósofo "que se acrecienta" en esa investigación del "ser hombre" que la revista florentina se ha propuesto como programa. Además Gentile concuerda con ésta en su espíritu "juvenil", mucho más que Croce, al cual se pueden atribuir todas las cualidades, menos la de ser juvenil: siempre atento a sistematizar, a justificar, a poner todo en su lugar. Si no me equivoco, a propósito de Gentile se acuñó una expresión que ha mantenido su fortuna hasta nuestros días, la de "filosofía militante".

Diciembre de 1913. *La Voce*, en el momento de cerrar, descubre al Hombre: es Mussolini.

Noviembre de 1918. Un joven prodigio de diecisiete años, Piero Gobetti, funda una revista, *Energie Nove*, que se propone suscitar "uno movimiento de ideas en esta cansada Turín", piensa que la ciudad renacentista intelectualmente adormecida puede despertar mediante la continuación de la obra de *La Voce*, y que Turín es la única ciudad italiana apta para esa continuación. Al retomar la revista en febrero de 1922 le da un nuevo título que muestra hasta qué punto Gobetti tiene claro el sentido de lo que pretendía desde la adolescencia: *Energie Nove* se convierte en *La Rivoluzione Liberale*. El primer Resurgimiento había terminado con un compromiso con la vieja Italia. Pero en el Sur se había formado una nueva cultura de nivel europeo, que se proponía ser la conciencia de la nueva Italia; también con la ayuda decisiva de *La Voce* había logrado realizar la unificación cultural que había faltado hasta entonces porque la unificación política no había terminado con las clausuras y las restricciones de las culturas regionales. Arribada a Turín, no sólo la despertaba sino le asignaba el cumplimiento de una nueva obra: "Parece que a Turín le incumbe nuevamente la tarea de conquistar la península". O sea, el pensamiento que había sido elaborado de manera teórica en Nápoles, y había penetrado en la cultura media italiana a través de la iniciativa florentina, una vez introducido en la capital italiana de la industria y, por eso, concebido de una forma nueva, debía mudar de semblante y volverse político y práctico, y así iniciar un segundo Resurgimiento, destinado a borrar las huellas del compromiso. En Gobetti vuelven a aflorar, con respecto a los maestros del hegelianismo meridional, los rasgos del joven hegeliano. (Una analogía con los jóvenes hegelianos se observa en su proceder con respecto al positivismo, en la forma que este podía asumir en Italia, es decir en el redescubrimiento de Cattaneo).

Abril de 1919. Un estudiante de letras, esperanza de la lingüística italiana, convertido al periodismo y a la política activa, Antonio Gramsci, funda *L'Ordine Nuovo*. Lo que *La Voce* había hecho para la parte más inteligente de la burguesía, la nueva revista debía hacerlo para el pueblo. La separación entre la cultura y el pueblo debía ser superada y debía realizarse la unificación en una misma voluntad: pero el camino para la elevación del pueblo no era la distribución en grageas de los resultados de la "ciencia" según el modelo de las universidades populares, sino la participación en la construcción de un orden nuevo y la toma de conciencia, por el pueblo mismo, de los problemas que esto implica y que debe enfrentar en esta tarea.

Sobre cada uno de estos cuatro personajes clave de la historia italiana, la bibliografía es inmensa. Ahora bien, los ensayos que he reunido en este volumen se proponen estudiar, más que lo que opone a los cuatro, el hilo que los une; por eso, deben enfocar sobre todo a aquel que, entre ellos, es filósofo en el sentido técnico del término, Gentile.

¿Cuál es el resultado al que se llega mediante una profundización de este tema (¡pero qué anticuados suenan hoy estos términos!), exclusivamente orientada a la que en una época se llamaba la "investigación de la verdad", la cual por definición excluye el compartir? A una interpretación de la historia italiana reciente en irremediable contradicción con la que es comúnmente aceptada y que, lo que es peor, es habitualmente presentada como si la adhesión a ella fuese una especie de obligación moral (en razón del "virtuísmo" del que hablaba Noventa, sirviéndose de un término acuñado –con intenciones polémicas diversas– por Pareto). A esa interpretación, que prevalece de manera absoluta en las publicaciones actuales, se han atenido los políticos italianos de los '60 en adelante –con mayor o menor grado de conciencia respecto de los orígenes de ella–; es decir, desde la época en que, muertos o jubilados los viejos, la república italiana no fue vista como la continuación –después de la explosión de una enfermedad moral– de todo lo que podía existir de válido en la Italia anterior al fascismo.

Según esa interpretación, el hombre destinado a convertirse en el *Duce* era en realidad alguien obsesionado por una ambición que, desmedida porque no estaba contenida por ninguna barrera moral, lo inhibía de toda fidelidad a una idea o a un programa duradero cualquiera, pero, al mismo tiempo, llevaba al extremo la capacidad del oportunismo, como un olfato de los instrumentos para aumentar el propio prestigio. La primera posguerra la había ofrecido la "ocasión histórica". Las clases tradicionales no estaban ya en condiciones de ejercer la hegemonía ni querían en absoluto renovarse. Las nuevas fuerzas sociales no estaban en condiciones de asumirla, paralizadas por los exclusivismos ideológicos que impedían a los católicos colaborar con los socialistas, o que llevaban a los comunistas a un encierro sectario (con Bordiga). Por consiguiente se daba la posibilidad "bonapartista", puesta al servicio de la conservación de un equilibrio inestable. La retórica cubría la realidad efectiva de una vieja Italia que, en su negación a renovarse, se aislaba del progreso mundial. Sin embargo, el aislamiento debía ser disfrazado como primado. De este modo se explica el encuentro entre el demagogo que para remediar el atraso debía disfrazarse de revolucionario y el profesor aplicado a la magna tarea de interpretar la filosofía europea de manera que pudiera ser entendida dentro del desarrollo de la filosofía italiana (¡lo exactamente opuesto a lo que, en el siglo XIX, había sido la propuesta de Cattaneo!); es decir, aplicado a una obra que parece susceptible de ser definida como la provincialización italiana de la cultura mundial. Indudablemente, el filósofo no tenía nada de aventurero; se ilusionó, y fue tan honesto en su ilusión que la pagó con la vida. Pero justamente esa incapacidad de defenderse de la ilusión pone de manifiesto la cualidad de su filosofía. En suma, con Mussolini y con Gentile concluyen los últimos sobresaltos de la vieja Italia, mientras Gobetti y Gramsci inauguran la Italia nueva; e incluso si inicialmente no habían sido inmunes a la influencia gentiliana, después demostraron que sabían liberarse de ella.

La tesis que proponemos es de hecho diferente y puede ser resumida en los términos siguientes: entre los infinitos documentos de la historia italiana desde 1914 a hoy, la obra de Gentile tiene un lugar privilegiado porque permite entender la unidad que subyace a los dos períodos de esta historia, el fascista y el posfascista, unidos en la tentativa de realizar una revolución ulterior al marxismo-leninismo, unidos en el ser dos etapas de un proceso de disolución.

Se descuenta que semejante tesis pueda ser tachada de reaccionaria. ¿Tesis reaccionaria? En realidad ella critica el uso generalizado de las categorías de reaccionario y de progresista como la matriz de los peores errores respecto de la interpretación de la situación actual, destinados no a quedar en la esfera teórica, sino que afectan, como todos pueden ver, la esfera práctica. Entonces, el que le pone a esta crítica el título de pensamiento reaccionario debe demostrar que ella no es válida, pues, de otro modo, es una acusación que sólo puede dejarme completamente indiferente. En cambio, soy bastante más sensible a la sospecha de provincialismo, porque ciertas apariencias lo hacen realmente posible. Como se sabe, la opinión actual sostiene que el éxito de la filosofía de Gentile es un episodio hoy lejano en la historia de la cultura italiana, limitado al período que va de los años '20 a los años '30. La postura del que hoy habla de la potencia filosófica de Gentile o de una influencia que se sigue ejerciendo también en el tiempo presente o que incluso es determinante con respecto a la situación política, parece muy similar a la de quien, en torno a 1930, hubiese pretendido medir los desarrollos de la filosofía, o de la conciencia ético-política de los primeros tres decenios del siglo XX, con instrumentos conceptuales propios de la filosofía de Roberto Ardigò o de su escuela; y es un paralelismo que parece adecuado porque la opinión más difundida califica ambas filosofías como una involución provincial de las corrientes mundiales del pensamiento.

Desde una posición contrastante voy a formular de inmediato mi tesis: el pensador al cual Gentile se remite en el plano mundial es Marx, y si éste último es el filósofo que llevó la idea de revolución a su coherencia más radical, Gentile es, en cambio, el filósofo del suicidio de la revolución. Con un perfecto paralelismo entre el momento filosófico y el momento político, Italia es el primer lugar en el cual ese suicidio, que puede representar un destino mundial, se vuelve manifiesto. Pero con esto no se debe negar la apariencia "provincial" de su filosofía, pero es un provincialismo que concierne a la conciencia que Gentile tuvo de su significado histórico. Era habitual entre los filósofos del hegelianismo italiano hablar de la ausencia de conciencia en los filósofos mayores de la tradición italiana –de Campanella a Vico, a Rosmini, a Gioberti– del sentido efectivo que su obra asume en la historia del pensamiento. Lo que es singular no es lo equivocado de esos juicios, sino el hecho de que la distancia abismal entre significado y conciencia justamente se haya dado en el pensador que concluyó esa corriente, y que compuso, siguiendo los carriles mencionados, una historia de la filosofía italiana. En efecto, ¿cómo se presenta Gentile sino como el verdadero teólogo que "sublima el mundo en una teogonía eterna que se cumple en lo íntimo de nuestro ser" (conclusión de la *Teoria generale dello spirito come atto puro*, 1916)? "¿Filosofía, entonces teologizante? ¿Por qué no? Sólo que la teología de los teólogos nunca habló propiamente de Dios, al haberlo presupuesto siempre y al haberlo confundido con su sombra" (conclusión del *Sistema di logica*, 1921) Y, en otro lugar, habla, por ejemplo, "de la redención divina del hombre por medio del Espíritu como actividad superior y negadora de la naturaleza". En la comprensión que tenía de sí mismo, Gentile es el teólogo que se remite al *in te ipsum redi* agustiniano, para sacar a plena luz la novedad cristiana separándola de toda contaminación con el pensamiento antiguo, considerado como naturalista en todas sus formas. ¿Pero cuál es el significado real de esta exhortación a la interioridad que se acompaña con la negación más completa del mundo de las ideas, de las normas y de las verdades eternas? "La ley es para el sujeto el acto mismo de su realización", para servirnos de una de sus fórmulas infinitamente repetida; es decir, todo valor es referido al acto que es después sinónimo de "energía", de "fuerza"; el lenguaje teológico no hace otra cosa que cubrir la voluntad de poder nietzscheana. Se puede decir de Gentile que fue el escribano del nihilismo: el certificado de defunción de la teología, la certificación de la victoria de Nietzsche, sólo podían ser extendidos por un filósofo-teólogo, convencido de ser tal. Si se quisiera escribir sobre Gentile y Heidegger, sería necesario decir que el segundo confiere a la historia de la filosofía gentiliana su real significado: el proceso de la historia del pensamiento descripto por Gentile no va hacia la verdadera filosofía, como él mismo pensaba, sino hacia el nihilismo. La "desvalorización de los valores hasta ahora considerados como supremos" es tanto más significativa porque ocurre en el interior del pensamiento teológico mismo.

Leída bajo esa luz, en un sentido inverso con respecto al que su autor le atribuía, la obra de Gentile adquiere hoy la importancia de un giro decisivo: en el sentido de un fracaso de dimensiones excepcionales que pone en cuestión las formas de pensamiento que están ahí implicadas. En primer lugar, el marxismo. Pero ¿es posible hoy otra lectura? La desarrollada recientemente por un filósofo que se formó justamente en el período en que la fama de Gentile se había apagado en su mayor parte, Vittorio Mathieu, lo confirma.[4]

3

Una breve referencia a la historia de estos ensayos servirá para una mejor comprensión de los mismos.

Como lo he indicado en el segundo de ellos,[5] el punto de partido se remonta a más de treinta años. Me había llamado la atención la extraña coincidencia entre las críticas que, más allá de las caracterizaciones negativas fáciles, podían dirigirse

---

[4] Cfr. el excelente capítulo que Mathieu dedicó a Gentile en Eustachio Paolo Lamanna y Vittorio Mathieu. *Storia della filosofia. La filosofia contemporanea*, vol. I. Firenze, Le Monnier, 1971.

[5] Del Noce refiere aquí a "Gentile e Gramsci", publicados en la versión italiana original. [N. del E.]

a Mussolini y las que, desde un punto de vista rigurosamente filosófico, debían aplicarse al actualismo. La personalidad de Mussolini permitía definir el concepto filosófico de *solipsismo*, idéntico a activismo y última etapa de la disolución irracionalista decadentista de la idea de verdad. Es posible darse cuenta de qué lejos estaba ese pensamiento de los hábitos culturales prevalecientes en aquel tiempo si, sin ninguna intención polémica, se lo confronta con las tesis de las *Cronache di filosofia italiana* de Eugenio Garin, las cuales, publicadas en el año 1955, constituyeron, hasta 1968, el libro de texto para el estudio de las relaciones entre política y cultura ocurridas en los veinte años del fascismo.

Un presupuesto de ese libro era la imagen corriente del fascismo como una regurgitación de los sedimentos de la historia italiana. Debido a esa característica, ese movimiento había ejercido una función discriminante entre los intelectuales, al ser la ocasión para que emergieran aquellos fondos de retórica espiritualista y nacionalista que los intelectuales de la Italia retardataria alimentaban en sí mismos. Resultaba natural, entonces, que la cultura idealista fuese recuperada por la Italia progresista; de tal modo que el libro, en lo que se refiere a las líneas filosóficas, sobre las que pronuncia un juicio condenatorio, termina pareciendo una actualización de los *Origini della filosofia contemporanea in Italia* de Gentile. Leído, después de que se ha pasado a una interpretación histórica del fascismo, puede servir extrañamente de confirmación a la tesis que propongo: el antifascismo accionista y comunista se formó en aquella cultura que se ligó, no accidentalmente, con el fascismo.

Volví a dar a conocer mi tesis en 1960 en un escrito que reproduzco como *Apéndice*, a propósito del cual no se exige una experiencia estilística profunda para advertir en su redacción los signos de la timidez. Aún sabiendo que pasaría inadvertida, me llevó a proponerla una vez más por una razón ético-política. El centrismo estaba terminado; era inevitable que a la interpretación liberal (o "parentética"), como se decía entonces, la sucediera la interpretación radical-accionista (o "reveladora", siempre según la terminología en uso en esos años). Una sucesión de esa clase suscitaba peligros prácticos que imponían la necesidad de una interpretación no ya polémica, sino histórica del fascismo. Según la interpretación accionista, el fascismo tenía de hecho raíces tan profundas como indeterminadas en el pasado; sin una exacta definición histórica se corría el riesgo de implicar el pasado entero en la condena, con un tratamiento respetuoso reservado sólo a los herejes; como ocurrió de hecho, con los resultados de todos conocidos.

En aquel escrito mi punto de vista ya estaba consolidado: el fascismo –fenómeno muy distinto del nazismo– tenía una partida de nacimiento ideal bien precisa; la aparición de la tesis de la "puesta en verdad" del marxismo, como posición completamente distinta del revisionismo y enunciada por primera vez en la *Filosofia di Marx* de Gentile; de este modo, Mussolini era el revolucionario que había aceptado los resultados de aquella crítica italiana del marxismo teórico 1895-1500, presupuesto de la cultura italiana de nuestro siglo. Pero en aquel tiempo todavía no me resultaba clara la relación del pensamiento gramsciano con el actualismo. Seguía representándomelo en estos términos: el joven Gramsci se había formado originalmente en el clima cultural idealista y entre los años 1915 y 1920 había sido inspirado de manera decisiva por la doctrina gentiliana de la unidad de la teoría y de la praxis: probablemente sin esa influencia originaría resultaría inexplicable la forma en que había reencontrado el marxismo en los *Cuadernos*; a continuación, bajo el estímulo de las circunstancias políticas, había hecho propia la crítica crociana contra Gentile en nombre del historicismo; su *anticroce* había correspondido a una afirmación de la filosofía de la praxis, empero, completamente separada del idealismo. En síntesis, entonces pensaba en un Gramsci que había redescubierto el marxismo auténtico al término de un proceso comenzado con Gentile. Qué razones me llevaron a cambiar mi punto de vista, está explicado en el ensayo central de esta colección, dedicado a Gentile y Gramsci.

El orden de este libro depende de esa tesis a la que he llegado. El primer ensayo[6] está dedicado a la ilustración del pensamiento de quien merece ser llamado "el hereje de la escuela de Turín", Giacomo Noventa. Sin que se pueda hablar de una influencia recíproca, el horizonte de pensamiento es común: no sólo "dependencia del fascismo y del antifascismo de un mismo 'error de la cultura'", sino a la necesidad, para la interpretación de la historia italiana reciente, de *otra* historia, la cual, a su vez, supone *otra* historia de la filosofía. El proceso del pensamiento de Noventa iba de la interpretación de la historia italiana reciente al descubrimiento de la filosofía de la historia católica y a la aseveración, por cierto en apariencia paradójica, de que sólo el redescubrimiento del significado auténtico de la metafísica clásica (se refería a Maritain) puede permitir una historia rigurosa de la filosofía moderna, y que a ese redescubrimiento se llega mediante la búsqueda de la comprensión de una historia reciente que, en cambio, parece representar su más radical negación.

Ya a partir de ese ensayo se evidencia cómo la profundización de las conexiones entre el pensamiento de Gentile y el fascismo obliga a entender al fascismo como la tentativa fallida, e irrepetible, de una revolución posterior –porque adecuada a la más madura civilización occidental– al marxismo-leninismo. La relación establecida en el ensayo siguiente entre el pensamiento gentiliano y el gramsciano permite entender el período fascista y el antifascista como los dos momentos sucesivos, medidos por la misma filosofía, de esa revolución occidental. En este punto resultaba necesario confrontar esa interpretación alcanzada por la vía filosófica, con los resultados a los que habían llegado los historiadores del fascismo y, en particular, De Felice y Nolte. He apuntado a ese tema en el tercer ensayo dedicado al problema de la definición histórica del fascismo.[7]

En el cuarto,[8] vuelvo al pensamiento de Gramsci para reconocer en él, el ejemplo más convincente de aquella heterogénesis de los fines a la cual está sometido el pensamiento revolucionario.

---

[6] Del Noce alude a "Giacomo Noventa e 'l'errore della cultura'". [N. del E.]

[7] En la versión italiana "Il problema della definizione storica del fascismo". [N. del E.]

[8] Del Noce refiere aquí a "Gramsci o el suicidio de la revolución" que integra el presente libro. [N. del E.]

Hoy se habla mucho de la crisis del marxismo entendiéndola generalmente como crisis de crecimiento, que da testimonio de su madurez. En suma, se espera –y estos discursos se repiten desde hace más de treinta años y curiosamente son considerados siempre nuevos– que en el marxismo se dé un desarrollo que permitiría su conciliación con los valores liberales, democráticos, religiosos, occidentales, etc. Creo que la respuesta a esa demanda sólo puede venir de la reflexión sobre el paralelismo filosófico-político que caracteriza la reciente historia italiana. ¿Qué quiere decir desarrollo sino "sinceramiento"? En la teoría marxista habría dos aspectos, y la prolongación rigurosa de uno (del aspecto nuevo) permitiría salvar su mensaje de liberación humana universal y separarlo de la posibilidad de involución (por ejemplo, aquella por la cual el marxismo se convirtió con Stalin en prisionero de una tradición preexistente) y, así, poder llegar a una posición de real renovación política y social para los países de cultura y civilización avanzada. Ahora bien, desde el punto de vista ideal, este sinceramiento ya ha ocurrido. En el primer comentario de las *Tesis sobre Feuerbach*, el joven Gentile vio en ellas un descubrimiento filosófico de excepcional importancia, la "filosofía de la praxis", que, empero, debía ser separada de un elemento arcaico y naturalista. Se trataba de desarrollar un momento del marxismo, el principio dialéctico no entendido a la manera de la filosofía especulativa (como "dialéctica pensada", según lo que Gentile dirá en los años posteriores) sino de la filosofía de la praxis; lo cual no era para él posible si no se lo separaba de un materialismo que estaba en contradicción con una filosofía de la acción. Lo que más importa es que esa filosofía de la praxis se ha realizado históricamente de las dos formas posibles y opuestas (el actualismo no determina los contenidos a través de los cuales se realiza el acto; por vía de negación, empero, se puede hablar de dos formas posibles solamente) de la revolución-restauración (fascismo) y de la revolución como escisión total (comunismo gramsciano) Lo que se puede decir y se puede verificar en la práctica es que el sinceramiento del marxismo coincide, por una necesidad interna y contra la intención de quienes lo pensaron o lo realizaron, con el nihilismo radical.

Gramsci o el suicidio de la revolución

Augusto Del Noce

Según la tesis sostenida en el ensayo precedente [1] (c. II), el pensamiento gramsciano *es la versión revolucionaria del actualismo*.[2] Pero, cuidado, porque con esto no entiendo hablar de Gramsci como de un pensador ecléctico, o como de un marxista que no se ha liberado completamente de las influencias idealistas, según dos imágenes que han tenido, y todavía tienen, una amplia fortuna. Mi intención, en cambio, ha sido reconocer el rigor de su pensamiento: se imponen como necesarias ciertas esencias filosóficas y Gramsci se somete a ellas. No se puede profesar un marxismo revolucionario sin una adecuada interpretación de las *Tesis sobre Feuerbach*; y no se puede asumir ese texto como fundamental sin dar el paso subsiguiente que Gentile había dado. Para Marx, la oposición de filosofía de la praxis y filosofía especulativa estaba subsumida en la de materialismo e idealismo; para Gentile, la elaboración más refinada de la crítica de la intuición implicaba el rechazo de toda metafísica, tanto idealista como materialista. La oposición entre filosofía de la praxis y filosofía especulativa es llevada por él a sus consecuencias extremas. Es cierto que emplea el término idealismo, pero en oposición al naturalismo, bajo cuyo concepto subsume tanto la metafísica del mundo de las ideas como el materialismo. La crítica que Gramsci dirige a Nikolái Bujarin es ejemplar como ilustración de este redescubrimiento de Gentile, absolutamente involuntario, y muy mal fundamentado, cuando toma conciencia de él.[3]

He añadido también que la versión actualista de la filosofía de la praxis se concreta como transformación invertida de la revolución en disolución, entendiendo con esto la imposibilidad de pasar de lo negativo a lo positivo, o sea la necesidad

---

[1] Del Noce refiere al ensayo "Gentile e Gramsci" del libro *Il suicidio della rivoluzione* [N. del E.].

[2] También para el mayor especialista de Labriola, Luigi Dal Pane, la tesis de la "autosuficiencia del marxismo", que para Gramsci coincide con su carácter revolucionario, es de origen gentiliana más que labrioliana; cfr. su artículo "La polemica su Marx e le origini del neoidealismo italiano", en *Rassegna economica*, 1968.

[3] En efecto, en la crítica del materialismo Gramsci va tan lejos que encuentra el idealismo como la filosofía que podrá devenir verdadera en el mundo futuro, cuando se instale el reino de la libertad (A. Gramsci, *Cuadernos de la cárcel*, a cargo de Valentino Gerratana. México, Ediciones Era, 1986, volumen 4, 335. En lo sucesivo las notas a esta obra serán indicadas en español con las siglas *CC*, seguidas del volumen y la página). Por eso no debe sorprender que en el curso de la misma crítica de Bujarin, se encuentren las frases más duras contra Gentile (con respecto a su tesis en torno al sentido común, a la religión, al Estado). El actualismo es el espectro que se le presenta a Gramsci durante su intento de definir la filosofía del comunismo: para exorcizarlo solo puede recurrir a la tesis habitual del carácter mistificador del idealismo, interpretado en este caso en el sentido de una transposición al presente de lo que será válido en el futuro.

de detenerse en la desvalorización de los valores hasta hoy considerados como supremos. Por eso se puede hablar de "suicidio de la revolución". Pero ¿cuál será la figura del mundo tras ese suicidio? ¿Qué implica ese suicidio?

Hablar de gramscismo como de la filosofía del "suicidio de la revolución" no es decir nada nuevo. Ya lo ha dicho Bordiga y los críticos de izquierda, sus afirmaciones contienen mucho de verdadero, pero es inútil observar que aquí esas afirmaciones están retomadas desde una perspectiva distinta. ¿Qué nuevo significado adquieren en este otro contexto?

Recordemos el "encadenamiento de razones" al que hemos llegado. El abandono gramsciano del materialismo y del economicismo implica que la ideología no sea más el reflejo de las condiciones materiales y económicas. De ahí se sigue: a) el nuevo concepto de sociedad civil; b) la interpretación de la revolución como "reforma intelectual y moral"; c) y finalmente, "la guerra de movimientos" sustituida por la "guerra de posición". Es importante tener siempre presente esa conexión ideal. En realidad, la última sustitución se justifica a través de la situación de Occidente, donde detrás de la "trinchera de avanzada" del Estado, está, según dice una conocida expresión, "una robusta cadena de fortalezas y casamatas". Pero es claro que los términos militares no deben oscurecer el tema al punto de llevarnos a la idea de que hay vías diferentes a través de la cuales se realizaría el mismo modelo de revolución. La mentalidad de Gramsci es claramente occidentalista y eurocéntrica. En los países occidentales, en razón del mayor grado de civilización y cultura, la sociedad civil (la "robusta cadena de fortalezas y casamatas") está en condiciones de oponer una mayor resistencia. Como consecuencia de los obstáculos más grandes que debe superar, la revolución puede manifestar ahí su aspecto más profundo, que es el de la prioridad de la reforma intelectual y moral. La revolución en el sentido pleno de Gramsci sólo puede realizarse en Europa; y el epicentro debería estar en Italia.

La fortuna de Gramsci en su punto más alto y el inicio del declive

El pensamiento de Gramsci, tras varias alternativas, conoció su éxito más grande en el período que va de la segunda mitad de 1974 al otoño de 1976. La ocasión fue el contragolpe al referendo sobre el divorcio, el 12 de mayo de 1974. Una ocasión singular, a primera vista, porque no se puede identificar en sus obras una atención especial al problema del divorcio o expresiones de simpatía por la revolución sexual. Si hay un pensador contrario a las combinaciones marxista-freudianas es él. A Freud lo considera el "último de los ideólogos" y añade que la filosofía de la praxis representa una clara superación de la ideología, e históricamente se contrapone precisamente a ella.[4] El pensamiento de los ideólogos representa el "materialismo

---

[4] *CC*, 4, p. 336.

burgués" y es natural que su último producto, el psicoanálisis, sea utilizado por la burguesía para defenderse del marxismo, adoptando la táctica habitual de la neutralización de los motivos marxianos a través de su resignificación en un sistema distinto de pensamiento. Es una táctica que, según Gramsci, fue iniciada por Croce. Después de despedir a Croce, que ya no le resultaba útil, la burguesía recurre a Freud. Es probable que Gramsci no conociera a Reich ni por el nombre, pero es muy fácil reconstruir la crítica a la que lo habría sometido.

Sin embargo, hay una razón profunda, y tanto que uno se pregunta si la ocasión no podría ser otra que esta, y si un eventual éxito de los antiabortistas no habría representado para el gramscismo una derrota decisiva.

En efecto, ¿cuál es la idea central de su pensamiento y constante en toda su obra desde los primeros escritos hasta los *Cuadernos de la cárcel*, sino la de cerrar la fractura entre lo bajo y lo alto, llevando al pueblo la concepción inmanente y secularizada de la vida? Es imposible no recordar aquí uno de sus textos más citados, pero al cual nunca se le prestará suficiente atención, porque define la forma originaria en la cual él hizo suyo el marxismo: "Una de las mayores debilidades de la filosofía inmanentista en general consiste precisamente en no haber sabido crear una unidad ideológica entre lo bajo y lo alto, entre los 'simples' y los 'intelectuales'. En la historia de la civilización occidental el hecho se ha verificado a escala europea, con el fracaso inmediato del Renacimiento, y en parte también de la Reforma con respecto a la Iglesia romana. Esta debilidad se manifiesta en la cuestión escolar, en cuanto que, por parte de las filosofías inmanentistas ni siquiera se intentó crear una concepción que pudiese sustituir la religión en la educación infantil; y de ahí el sofisma pseudohistórico por el que pedagogos no religiosos (aconfesionales), y en realidad ateos, conceden la enseñanza de la religión porque la religión es la filosofía de la infancia de la humanidad, que se renueva en cada infancia no metafórica".[5]

Ocurrió que esa secularización del modo de pensar del pueblo italiano, el cual permaneció fiel por principio a la "moral católica", incluso en los tiempos de máximo dominio del anticlericalismo, se cumplió después de treinta años de gobierno conducido por el partido de los católicos. ¿Cuál debía ser la conclusión? No otra que la percepción –cuya importancia extrema es superfluo subrayar– de que el verdadero sujeto de la historia italiana durante los últimos treinta años había sido la "reforma intelectual y moral" gramsciana que había podido avanzar sin grandes obstáculos; reforma orientada –como consecuencia de la estrategia revolucionaria entendida como guerra de posición– a conquistar la dirección intelectual antes que el dominio del poder. Conforme a esta distinción, se debía llegar a sostener que la dirección había sido ejercida por el partido comunista, que había podido alcanzarla, en cuanto su política había sido la precisa concreción práctica del pensamiento gramsciano. A través del referendo no se confirmaba simplemente una ley, sino que se iluminaba el sentido moral e intelectual de los últimos treinta años, como victoria de Gramsci. Se había producido una situación que recordaba, en sentido inverso, pero con una

---

[5] *Ibid.*, 250.

correspondencia absolutamente puntual, lo que Gramsci escribía sobre el partido de acción popular del Resurgimiento, dependiente en realidad de los moderados o, mejor dicho, incorporado "molecularmente" a estos, en razón de la indiscutible hegemonía que ejercían sobre los intelectuales.[6]

Pero profundicemos el significado de esta derrota católica. Parecía simbolizar la derrota de la filosofía de la historia católica, tal como se había organizado en el siglo pasado, con respecto a la filosofía de la historia hegeliana-marxista, y así la percibían las conciencias, aunque de manera oscura. La importancia de la cuestión, y el hecho de que hasta ahora no haya sido tratada adecuadamente, merece que nos detengamos en ella.

En efecto, parece que los católicos mismos olvidaron que la democracia cristiana tiene sus raíces ideales en el renacimiento católico promovido por el papa León XIII con la encíclica *Aeterni Patris* de 1879. La bibliografía sobre los orígenes de los movimientos políticos y sociales organizados por los católicos se va acrecentando constantemente, pero la investigación se vuelca con preferencia absoluta hacia las figuras de los modernistas, incluidas las de poca importancia; parece que ser descendiente de un modernismo absuelto de la acusación de herejía y llamado a juzgar sin piedad, como calumniadores, a sus adversarios de entonces, es un signo de nobleza. Las llamadas a los orígenes auténticos son extremadamente raras. La mejor que conozco es la que les dedica uno de los más grandes maestros contemporáneos del pensamiento tomista, Gilson: "El pensamiento profundo de León XIII se anuncia al principio de la encíclica *Aeterni Patris* y es un pensamiento social, quedando bien en claro que el orden de toda sociedad descansa en la conciencia de la verdad aceptada por los que gobiernan el cuerpo político. La religión cristiana, difundida por la fe en el mundo entero, es la única capaz de enseñar toda la verdad y ninguna otra cosa que la verdad. Pero no hay que despreciar las ayudas naturales que la sabiduría divina ha previsto para facilitar la obra de la fe. Principal entre ellas es el buen uso de la filosofía. En efecto, no en vano Dios ha inserido la luz de la razón en el pensamiento del hombre; y lejos de extinguir o de disminuir el poder de la inteligencia, la luz de la fe lo perfecciona y, habiendo acrecentado así sus fuerzas, lo hace capaz de las cosas más grandes. Se trata entonces en la encíclica, en medio de desórdenes sociales que derivan ellos mismos de uno intelectual, de apelar al saber humano para reponer a los pueblos en la vía de la fe y de la salvación. Cualquiera que sea la idea que uno se deba hacer de la filosofía cristiana, es cierto que ella definirá un uso apostólico de la filosofía, concebida como auxiliar de la obra de salvación de la humanidad".[7] Entonces, el renacimiento católico debe ser, según el pensamiento de León XIII, indisolublemente religioso, filosófico y político; "político" porque requerido como necesario para la salvación temporal de la sociedad humana; pero esta política debe apoyarse en una filosofía que sea a su vez preámbulo de la fe. Se entiende esta unidad cuando en las encíclicas de León

---

[6] *CC*, 5, 412.

[7] Étienne Gilson. *La philosophie et la théologie*. Paris, Fayard, 1960, pp. 202-203.

XIII se ven juntos un programa y un punto de llegada, el punto de llegada de un largo y tortuoso proceso, el del pensamiento católico del período histórico que había comenzado con la Revolución francesa. Gilson observa que si se leen las principales encíclicas de León XIII no en el orden cronológico sino en el lógico, en el cual él mismo las dispuso en ocasión del veinticinco aniversario de su elección como papa, uno se da cuenta que está ante lo que se podría llamar el *Corpus Leoninum* de la filosofía cristiana del siglo XIX y se siente movido a reconocer que "León XIII ocupa un lugar en la historia de la filosofía como el más grande filósofo cristiano del siglo XIX y uno de los más grandes de todos los tiempos". Y Gilson añade que es curioso que "tan pocos entre nuestros contemporáneos, me refiero a los cristianos, parecen tener conciencia de este hecho".[8]

Creo que la extensión de estas citas es necesaria en razón de la gran importancia del punto al que el insigne historiador alude. La posición de los políticos católicos con relación al *Corpus Leoninum* fue análoga a la de los socialistas antes de Lenin con respecto al marxismo: tanto en un caso como en el otro faltó la atención al carácter orgánico de la obra, debido a una actitud analítica enfocada en las diversas partes, consideradas como distintas y sustancialmente autónomas. Así los viejos políticos católicos leían la *Rerum Novarum* como si fuese aislable del conjunto del *Corpus Leoninum*; coherentemente los nuevos políticos, llevando hasta sus últimas consecuencias el defecto de ese abordaje, descuidaron completamente su lectura; por eso se escucha decir que la tarea del partido democristiano sería adecuar la conciencia política de los católicos a la moderna sociedad democrática, descartando las tentaciones "teocráticas e integristas"; o que, al final, el partido debería renunciar al adjetivo "cristiano" para disolverse en un partido "democrático", atento a garantizar las mejores condiciones para el desarrollo productivo y para la realización "temporal", asumiendo una pura posición de neutralidad en el campo cultural y en el campo religioso. Un paso más y llegamos a la idea de un cristianismo que se disuelve en la política, como fuerza propulsora de un progreso social bastante "indeterminado"; otro paso y se llegará al reconocimiento de que el marxismo ha sustituido al cristianismo en el momento presente del desarrollo histórico. Ese reconocimiento será luego decisivo para conducir hacia el pensamiento de esa "era poscristiana" que está en boca de todos. A esta altura parece sonar profético lo que Gramsci escribía en el *Ordine Nuovo* del 1 de noviembre de 1919, al día siguiente a la fundación del Partido popular: "El catolicismo reaparece a la luz de la historia, pero cuán modificado, cuán 'reformado'. El espíritu se hizo carne, y carne corruptible como las formas humanas, sometidas a las mismas leyes históricas de desarrollo y de superación que son inmanentes a las instituciones humanas [...]. El catolicismo entra así en competencia no ya con el liberalismo, no ya con el Estado laico entra en competencia con el socialismo y será derrotado, será definitivamente expulsado de la historia del socialismo [...]. El catolicismo democrático hace lo que el socialismo no podría: amalgama, ordena, vivifica y *se suicida*. Asumida una

---

[8] *Ibid,* p. 235.

forma, convertidos en potencia real, estas muchedumbres se sueldan con las masas socialistas concientes, se convierten en su continuación normal. Lo que no hubiera sido posible para los individuos, se convierte en posible para las vastas formaciones. Convertidos en sociedad, adquirida la conciencia de su fuerza real, estos individuos comprenderán la superioridad de la consigna socialista: 'la emancipación del proletariado será obra del proletariado mismo', y querrán actuar por sí mismos y desarrollarán por sí mismos su propia fuerza y no querrán más intermediarios, no querrán más pastores como autoridad, y comprenderán que se mueven por impulso propio: se convertirán en hombres, en el sentido moderno de la palabra, hombres que sacan de su propia conciencia los principios de sus propias acciones, hombres que destrozan los ídolos, que decapitan a Dios".[9]

He transcripto el largo pasaje y he subrayado "se suicida" por su excepcional importancia. En efecto, a partir de la idea de "suicidio" se entiende la del "compromiso" en su sentido y en su origen gramsciano; y también en su coherencia con la idea de autoeducación, que es el tema central de la pedagogía gentiliana. Ya para el Gramsci de 1919, la concepción trascendente de la vida y las formas imperfectas del inmanentismo –aquellas donde la teología subsiste todavía de una forma disimulada– para que se extingan definitivamente, no se las debe matar, sino que deben terminar por "suicidio". Si se mira con cuidado, todas las expresiones de la cuales se sirvió, tanto las que inventó como aquellas cuyo sentido renovó, se iluminan a partir de esta tesis sobre el "suicidio": desde "reforma intelectual y moral" y "guerra de posición" hasta "hegemonía", "intelectual orgánico" y "bloque histórico". En suma, Gramsci inventó otra forma de extinción del adversario, no más la persecución física, sino el "suicidio". Y aquí se aclara el significado de términos tan repetidos como "compromiso histórico" y "eurocomunismo"[10], posición, la segunda, cualitativamente diferente del comunismo clásico y que encuentra ya su primera formulación en aquel artículo de 1919.

Pero volvamos al pasaje de Gramsci recordado arriba, en el cual habla de la "debilidad de las filosofías inmanentes". Se sabe cuáles eran los dos adversarios que Gramsci tenía *in mente*: por un lado, el pontificado de la Iglesia católica, como la institución que continuaba ejerciendo la guía del mundo rural, pero no lograba ejercer el dominio sobre los intelectuales a un nivel digno de los tiempos, y, por el otro, el pontificado laico de Croce, como el que influía en los intelectuales. Por singular que pueda parecer, en aquella primavera de 1974 se cumplía el último acto de la polémica anticrociana de Gramsci. Debemos retomar aquí el discurso iniciado en el ensayo precedente sobre el significado que tuvo

---

[9] "I Popolari", reimpreso en *L'Ordine Nuovo*. Torino, Einaudi, 1955, pp, 284-286.

[10] Una colección de mis artículos *L'eurocomunismo in Italia*. Roma, 1976, tiene interés para mostrar el proceso por el cual llegué no tanto a descubrir el término "eurocomunismo" (no tiene ninguna importancia afirmar que fui el primero en usarlo, dado que estaba en el aire de la época), sino a definir el concepto que encierra, en relación con la irreductibilidad del comunismo gramsciano tanto al marxismo como al comunismo soviético. El lanzamiento del eurocomunismo encuentra explicación en la victoria conseguida por el gramscismo en 1974.

para Gramsci la lectura de la *Historia de Europa en el siglo XIX* de Croce. En esta obra, "el prototipo o forma pura de todas las otras oposiciones y que con su odio irremisible pone de manifiesto el carácter religioso del liberalismo, del liberalismo como rival religioso", estaba en la Iglesia católica, "la más directa y lógica negación del ideal liberal", porque "a la concepción por la cual el fin de la vida está en la vida misma y al deber de crecimiento y elevación de esta vida [...] opone que, por el contrario, el fin es una vida ultramundana para la cual la mundana es una simple preparación, que se debe cumplir con la obediencia de lo que un Dios que está en el cielo, por medio de un vicario que está en la tierra, ordena creer y hacer".[11] En el epílogo Croce afirmaba el valor presente, con el augurio de un renacimiento –probable según la opinión de Croce– de esa "religión de la libertad" como el único ideal que tenga la solidez que tuvo en un tiempo el catolicismo y la flexibilidad, que este no pudo tener, el único que enfrente siempre el porvenir y no pretenda concluirlo de una forma particular y contingente".[12] Pero proporcionalmente intensa era la aversión que Croce sentía por el comunismo, y fue implacable la polémica que en aquellos años mantuvo contra las "supervivencias del materialismo histórico". Si en la *Storia* esa aversión no tenía el mismo realce que la polémica contra la Iglesia católica, era sólo porque el comunismo no parecía entonces un peligro inmediato para Europa.

Pero, al día siguiente del fin de la guerra, la contraposición de las fes religiosas opuestas había cambiado radicalmente para Croce; por una parte, "el nuevo despertar cristiano", que, él sólo, podía salvar a la sociedad y la atenuación de la polémica contra el catolicismo y, por otra, "el Anticristo que hay en nosotros", como inversión de lo sagrado, y desconocimiento, negación, ultraje e irrisión de los valores, presentados como engaños hipócritas.[13] Anticristo que, en cuanto tendencia de nuestra alma, no podía materializarse en un hombre, en una institución, en una clase, en una raza, en un pueblo, en un Estado, en un partido, pero cuya expresión sensible, en el momento que se atravesaba entonces, parecía asumida sobre todo por el comunismo. El pensamiento político de Croce se fundaba en aquellos años en esa misma antítesis de cristianismo y de marxismo que dio su fuerza al partido "cristiano", incluso si alguno quiere hoy entender su génesis (¡ya entonces, y en primer lugar!) como la del órgano apto para mediar el paso de los católicos de una concepción autoritaria de la política a otra democrática y moderna y verdaderamente adecuada a la edad adulta, como si el primer adversario estuviese representado por el pasado católico y no por el secularismo del tiempo presente. Edad adulta que no se sabe definir de otra manera que no sea una mayor extensión de los consumos, comprendida la de los productos culturales, asimilados también ellos a objetos para consumir (cierro rápidamente este paréntesis y pido excusas al lector por servirme,

---

[11] B. Croce, *Storia d'Europa*. Bari, Laterza, 1932, pp. 27-28.

[12] *Ibid.*, p. 358.

[13] Ver el ensayo de 1946. "El Anticristo que está en nosotros", en *Filosofia e storiografia*. Bari, Laterza, 1949, p. 313 y sgs.

por simple necesidad y para hacer una muy breve alusión, de este horrible *verbiage*, hoy en uso entre no pocos democristianos).

Los términos de la lucha aceptados también por aquellos laicos que tenían la intención de mantener en una forma más elevada y purificada de mitología, las verdades de la tradición, eran, en torno a 1950, los de cristianismo y de marxismo. En 1974 se advirtió que en un cuarto de siglo las cosas habían cambiado radicalmente, a través de la progresión continua de una revolución cultural –cuya sucesión de momentos había ocurrido durante largos años de una forma casi insensible. Se volvía exactamente a la perspectiva que Croce había adelantado en 1932. Salvo que en el lugar del liberalismo se había ubicado, como expresión adecuada a la concepción inmanente de la vida, el comunismo gramsciano; y el adversario era identificado en el "viejo catolicismo preconciliar", como si el Concilio hubiese significado la extensión de la revolución a la Iglesia y la universalidad de ésta última debiese ser interpretada como permeabilidad a todas las revoluciones que han tenido éxito.

Este último acto concluía una operación de la cual Togliatti había percibido la importancia al titular, a principios de 1948, el primer volumen de la primera edición de los escritos de la cárcel: *Il materialismo storico e la filosofia di Benedetto Croce.* Era necesario conquistar la hegemonía en la cultura laica, y esto no podía ocurrir sino abatiendo la dictadura crociana, que había durado cuarenta años, y estaba tan consolidada que los esfuerzos intentados hasta entonces con ese fin, desde las más variadas direcciones culturales, habían tenido escaso éxito. De qué manera sólo el gramscismo lo logró, vale la pena recordarlo porque echa luz sobre la naturaleza de la estrategia que se suele llamar "compromiso histórico" y que, entonces –es un punto para no descuidar–, hizo su primera experiencia.

La victoria sobre la cultura crociana debía acontecer en la forma de continuidad-superación: el paso del intelectual crociano al marxismo no debía requerir la forma de una conversión brusca, sino la de una rigurosa coherencia aportada a las convicciones precedentes. Se proponía, entonces, un "compromiso", en el sentido de que la cultura crociana en lo que atañe al espíritu profundo que la animaba, habría continuado viviendo en la nueva forma, e incluso habría sido sustraída a los ataques de los existencialistas, espiritualistas y neopositivistas. Pero ¿cómo era posible? Comparece aquí una nueva figura, "el mito del fascismo", figura nueva con respecto a la polémica comunista precedente, porque esta transfiguración del fascismo como el "mal en sí" implica que se lo separe, al menos de hecho, del capitalismo. Sus orígenes están en el laicismo de izquierda, pero el comunismo sólo podía hacerlo propio, y le resultaba útil hacerlo, sólo a través del superestructuralismo gramsciano. Se razonaba, y hoy todavía se continúa razonando, en estos términos: "Los veinte años entre las dos guerras se caracterizaron por dos dictaduras opuestas entre sí, pero complementarias, la mussoliniana y la crociana; a la ilusión que representaba Mussolini como el 'motor del siglo' correspondía la otra, para la cual Croce era visto como el pontífice mundial de las religiones de la libertad; a una política escindida de la política correspondía una cultura que no lograba ejercer la práctica y debía limitarse por eso a una condena escasamente eficaz y, así, confinada a un puro juicio moral, de tal modo que no excluía la convivencia. Por una de las habituales paradojas históricas, las dos dictaduras contrarias se sostenían una a otra. Esto ocurría porque Croce, como consecuencia de un error de las masas, que hacían de el último hombre del Renacimiento o un 'nuevo Erasmo',[14] no había llevado su pensamiento hasta sus últimas consecuencias". La cultura gramsciana se presentaba, entonces, como la legítima heredera de la cultura crociana, incluso como la heredera moral porque la salvaba de aquel feo compromiso. Y, realmente, se puede advertir a veces en las páginas del último Croce el sentimiento de una imperfección de la propia obra, la cual, sin embargo, él mismo no podía remediar, de modo que necesitaba un continuador que fuese, al mismo tiempo, un negador. Pero su propensión a encontrar el heredero en el pensamiento gramsciano era tan poca que sus escritos del último período se pueden leer en función de un temor *ante litteram* de que tal heredero se presentase (incluso si no lograba describir las características de aquel con precisión; pero es, por cierto, legítimo preguntarse por los problemas que se habrían planteado a su pensamiento en su intento de obviar la continuación gramsciana; en efecto, el gramscismo no puede ser entendido de ninguna manera como desarrollo del crocianismo, o como fiel a su inspiración, aunque se deba admitir que le formula una crítica que resulta insuperable en el plano del historicismo inmanente).[15] De todas maneras, el modo en que se realizó la operación lleva a volver a pensar, por la analogía que presenta, en el "suicidio" del partido católico: el historicismo crociano era rebajado a una prefiguración de estilo "especulativo y teológico" del historicismo marxista-gramsciano; con las consecuencias que sabemos en la historiografía, en la crítica literaria, y a su conclusión en el olvido actual de la obra crociana. Las características del compromiso, que actualmente se propone a los democristianos y a los católicos, se aclaran, si se piensa en el éxito obtenido sobre la cultura crociana.

Pero además y por paradójico que pueda parecer, el gramscismo salía fortalecido del movimiento contestatario: se debe decir que el "ocaso de Marcuse fue la primera condición para la afirmación de Gramsci en el plano europeo", entendiendo este juicio de manera rigurosamente literal. En efecto, la nueva actualidad de Gramsci emergió después que la contestación global había demostrado tanto su eficacia como momento negativo como su incapacidad para superar tal momento. Curiosamente uno se encuentra trasladado a una perspectiva invertida respecto de aquella desde la cual había comenzado, en torno a 1958, la declinación de la fortuna del gramscismo. Se hablaba entonces de un marxismo a la italiana, no exportable, substancialmente provincial; de esta cultura provincial italiana el pensamiento de Gramsci representaba

---

[14] Sobre la analogía entre la posición de Croce con respecto a la revolución comunista y la de Erasmo con respecto a la Reforma protestante, de donde procede la caracterización de Croce como último hombre del Renacimiento, cfr. *Quaderno*, 1293-1294.

[15] Sobre este punto me permito remitir a mi artículo "Croce e il pensiero religioso", en *L'epoca della secolarizzazione*. Milano, Giuffrè, 1970. El crocianismo no puede realmente responder al gramscismo sin poner en discusión el presupuesto inmanente, que fue aceptado desde el comienzo, como elemento condicionante, nunca puesto en duda, como un dato de hecho resultante de la historia del pensamiento moderno.

la autocrítica, justamente con los límites de una autocrítica.[16] ¿Qué función se le debía, entonces, asignar sino la de una *pars destruens*? Concluida esa tarea destructiva, el pensamiento de Gramsci se convertía en la premisa para que la atención se transfiriera de los comentarios italianos sobre Marx a los comentarios extranjeros, y se convertía también en la introducción negativa –respecto del marxismo teórico instalado en la Alemania de la primera posguerra– a las obras de gran envergadura ya aparecidas entonces, y a las otras que, germinalmente presentes en esa atmósfera, saldrían a la luz muchos años después. Ahora bien, esos autores habían hecho su experiencia en la contestación; y esta había puesto fuera de juego a Lukács, había consumado (es el término exacto) la escuela de Frankfurt, había bloqueado el ascenso del nuevo astro, Althusser; pero justamente, al hacer eso, parecía haber puesto de manifiesto que la vía gramsciana era la única a través de la cual el marxismo se podía afirmar en Occidente. Según una célebre frase de Marcuse, se proponía desenmascarar aquella gigantesca falsedad sobre la cual Occidente había edificado sus filosofías y su moral, es decir, la transformación de los hechos en esencias, de las condiciones históricas en condiciones metafísicas; pero este antiplatonismo estaba acompañado por un primitivismo y por otros mil aspectos que lo emparentaban bastante más con la revolución surrealista que con la marxista. El gramscismo mantenía el antiplatonismo extremo, separándolo del primitivismo utópico.

Además, en sus aspectos surrealistas o psicoanalíticos de izquierda, la parte prevaleciente de la contestación abandonaba los aspectos clasistas. Y, entonces, ¿cómo debía configurar a su enemigo? Como aquel que mira al pasado, a la conservación (no sólo económica), a la defensa de la tradición, de sus principios, de sus prohibiciones; y que, al idolatrar ese pasado, le confiere un carácter "sagrado", por lo cual se empeña en combatir cualquier novedad, tanto social como moral o estética; y que, en consecuencia, de los valores que la historia ha superado hace algo "eterno", "absoluto", "metahistórico". ¿A qué conduce políticamente esa actitud? Cuando la evolución histórica tiene un ritmo acelerado, cuando el anticontestatario siente que su orden está amenazado, sólo le queda una última apelación a la autoridad y a la fuerza; la desesperación de quien se siente superado por la historia lo dispone, en nombre de aquellos valores declarados eternos, a renunciar a la democracia para delegar el poder a una dictadura fuerte y resuelta. "Represión", "reacción", "personalidad autoritaria", "totalitarismo", "fascismo", son, entonces, términos que vienen a coincidir. La contestación que no nace directamente del antifascismo, se topa con él en la versión mítica del fascismo. Y ya se dijo en qué medida el gramscismo está ligado a ese mito.

Además, en cierto aspecto se puede decir que el Gramsci de 1920 ya había indicado, en una página que un crítico francés ha definido "alucinante", la relación del

---

[16] Sobre las alternativas de la fortuna de Gramsci, cfr. Gian Carlo Jocteau. *Leggere Gramsci*. Milano, Faltrinelli, 1975, pp. 69-70, donde se habla de las primeras reacciones, en dos escrito de Mario Tronti, a las impostaciones de Togliatti y de Garin, coincidentes en la representación de Gramsci como conciencia crítica de la historia y de la filosofía de Italia en nuestro siglo. Se estaba delineando ya una línea cuya expresión global más precisa se puede buscar en el libro de Tito Perlini. *Gramsci e il gramscismo*. Milano, Celuc, 1974.

Partido comunista italiano con la contestación, medio siglo antes. "Si en breve no surge del *caos* una potente fuerza política de clase (y esa fuerza, para nosotros, no puede ser otra que el partido comunista italiano), y esa fuerza no logra convencer a la mayoría de la población que hay un orden inmanente en la confusión actual, que esta confusión tiene su razón de ser porque no se puede imaginar el derrumbe de una civilización secular y el advenimiento de una sociedad nueva sin semejante destrucción apocalíptica y sin semejante ruptura en sus fundamentos, si esa fuerza no logra colocar la conciencia obrera en la conciencia de las multitudes y en la realidad política de las instituciones de gobierno como clave dominante y dirigente, nuestro país no será más, al menos por doscientos años, una nación y un Estado, nuestro país será el centro de un *maelström* que arrastrará en sus torbellinos toda la civilización europea".[17] ¿Qué pensamientos le vienen naturalmente a quien lee estas líneas con los ojos de hoy? Ante todo, la prioridad que ya entonces Gramsci asignaba a la función de la cultura: la condición de posibilidad de éxito del partido comunista está en el saberla ejercitar, en el sentido preciso de capacidad de entender el orden inmanente en lo que aparentemente es el caos. No se puede hablar de un texto vinculado con la situación de 1920, porque 1968 puede ser entendido como extensión de los fermentos que un ojo de lince podía ya captar en los años inmediatamente siguientes a la primera guerra mundial e interpretar como la "destrucción apocalíptica" y la "ruptura en los fundamentos" que acompañó el derrumbe de una civilización secular. Si se desarrolla el orden de ideas contenidas en este pasaje, parece natural que los "burgueses" deban ver la cesura radical entre los dos mundos en su aspecto destructivo, y que esa visión deba ser seguida por una fractura, dentro del mundo burgués, entre los viejos y los jóvenes; donde el estado de ánimo de los primeros se manifiesta en una lamentación estéril, y el de los segundos en un negativismo destructivo que los conduce a repetir puntualmente todos los temas del pensamiento libertino de los siglo XVII y XVIII, que reflorecen bajo el término de desacralización.[18] Naturalmente la salvación no puede venir ni de la adhesión a la disolución ni a su rechazo, sino de una fuerza nueva que para Gramsci no habría debido ser otra que el partido de la clase obrera. Luego tienen particular interés las últimas líneas en lo que respecta al tema del paradigma italiano, acerca del cual ya he hablado en la Introducción a este libro: "[...] nuestro país [...] será [...] el centro de un *maelström*". Resulta claro que la frase puede ser leída también al revés, y es entonces cuando el pensamiento de Gramsci aparece por entero: si

---

[17] En "Previsioni", artículo no firmado, aparecido en la edición piamontesa de *Avanti!* el 19 de octubre de 1920; reimpreso en Antonio Gramsci, *Scritti 1915-1921*, Nuovi contributi a cura di Sergio Caprioglio. I Quaderni de "Il Corpo", 1968, pp. 140-142. El crítico francés al que se alude es Robert Paris, que hizo la recensión de este libro en *Les Temps modernes* febrero de 1970, pp. 1286-1293. Cfr. sobre la cuestión, D. Montardi. *Saggio sulla politica comunista in Italia (1919-1970)*, ed. Quaderni Piacentini, 1976.

[18] Basta para advertirlo recorrer, por ejemplo, uno de los más recientes libros aparecidos sobre el pensamiento libertino: Gerhard Schneider. *Il libertino. Per una Storia sociale della cultura borghesa nel XVI e XVII secolo*, trad. it., Bologna, Il Mulino, 1974. Es característico de la forma del pensamiento libertina representarse idéntica en las épocas de crisis.

Italia supera la crisis, entonces está destinada a convertirse en el punto de referencia para la construcción de la civilización europea, o de la civilización sin más, dado que para él es indiscutible que Europa es el punto de llegada de la civilización. Es un tema que después será retomado en los *Cuadernos* o, mejor, que subyace a la entera elaboración de estos; su presencia en el artículo de 1920 sirve para poner de manifiesto la continuidad del pensamiento gramsciano. Y es también un tema que hace ver la constante cercanía-oposición de Gramsci respecto de Mussolini, con relación a la función de Italia en las revoluciones de nuestro tiempo. Y es aquí donde viene a insertarse el discurso sobre su peculiar "giobertismo", que es otra prueba del vínculo que une su pensamiento con el gentiliano, y también una definición de la forma de ese vínculo, porque para Gentile se trataba de una inclusión de la novedad del marxismo en el giobertismo vuelto inmanente, para Gramsci de la inclusión opuesta del giobertismo en una reforma del marxismo (término que, después de lo que se ha dicho, debe ser entendido literalmente, por la simetría con la reforma idealista de la dialéctica hegeliana); y que es susceptible de ser presentado como un giobertismo separado completamente del "provincialismo" que el término generalmente evoca. Y, sin embargo, es giobertismo y reafirma motivos de *Primato*, más que de *Rinnovamento*. Se puede hablar, sin contradicción, de una afirmación de la idea del primado completamente desvinculado del nacionalismo, teniendo en cuenta que para Gramsci sólo la reconsideración italiana del marxismo-leninismo podía lograr curar o preservar el comunismo del peligro de cualquier forma de involución social-imperialista, de modo que la revolución pudiese recuperar su carácter mundial. Hay un pasaje que a este respecto es decisivo: "El pueblo italiano es el pueblo que 'nacionalmente' está más interesado en una forma moderna de cosmopolitismo [...] Colaborar para reconstruir el mundo económico en forma unitaria está en la tradición del pueblo italiano y de la historia italiana, no para dominarlo hegemónicamente y apropiarse del fruto del trabajo ajeno, sino para existir y desarrollarse precisamente como pueblo italiano: se puede demostrar que César está en el origen de esta tradición. El nacionalismo de marca francesa es una excrecencia anacrónica en la historia italiana, propia de gente que tiene la cabeza vuelta hacia atrás como los condenados de Dante. La 'misión' del pueblo italiano consiste en la recuperación del cosmopolitismo romano y medieval, pero en su forma más moderna y avanzada".[19] Son las frases más giobertianas, al menos en el sentido de giobertismo inteligente, que fueron escritas en torno a la década de 1930, y ni siquiera se puede decir que, al hablar de las influencias francesas de las cuales hay que liberarse, Gioberti y Gramsci pensaron en adversarios opuesto, Gioberti en los ideólogos y Gramsci en los nacionalistas, dado que para Gramsci el germen del nacionalismo está propiamente en el pensamiento de los ideólogos.[20] En el momento de la reactivación económica, la originalidad italiana fue frecuentemente

---

[19] *CC*, 5, 369.
[20] *CC*, 4, 336.

reconocida; y se habló de un Gramsci que había definido la única vía a través de la cual el comunismo puede tener éxito en Occidente; y a continuación el término eurocomunismo tuvo la circulación que sabemos. Pero hoy parece advertirse, y se lo siente en medio de la enorme cantidad de escritos conmemorativos de los cuarenta años de su muerte, una cierta declinación, como si el gramscismo, después de haber representado una óptima estrategia para llevar el comunismo italiano hasta el umbral del poder, se hubiese convertido hoy en un obstáculo para cumplir el último paso. En efecto, la palabra "totalitarismo" está desacreditada y, si se mira cuidadosamente, este es el único éxito del que se puede jactar la democracia occidental; es, empero, lo que Gramsci, que nunca la usa en un sentido peyorativo, no podía prever, de tal modo que es imposible una antología incluso breve de sus escritos sin que el motivo totalitario no aflore. De ahí la necesidad, para los comunistas de un más allá de Gramsci, como Lenin había ido más allá de Marx, como Gramsci, más allá de Lenin, y así sucesivamente... Por ende, la pregunta a la que hay que responder ahora es la siguiente: ¿en qué sentido el momento totalitario es insuprimible de la obra de Gramsci? Esta pregunta equivale a la de si un más allá de Gramsci es posible.

La crítica del totalitarismo

El significado positivo dado al término totalitarismo es el rasgo que aproxima a Gramsci al fascismo. Podemos decir, sin que resulte paradójico, que la acusación que éste último le formula al fascismo es la de haberse apropiado del término falsificando su sentido. Pero ¿de qué depende el cambio de situación, por el cual hoy no hay nadie que declare profesar aspiraciones totalitarias y que no se defienda ante la acusación de tenerlas? ¿Debemos interpretarlo en un sentido optimista, como si quisiese significar un sentimiento de libertad más extendido y un respeto más grande por el otro? De ninguna manera, la respuesta debe ser completamente diferente. La "época de la secularización", es decir, la que va desde la revolución de 1917 hasta hoy, ha atravesado dos momentos que pueden ser indicados cronológicamente –naturalmente de manera aproximada y sirviéndose de un indicador de tendencias– como el de los dos decenios entre las dos guerras y el posterior a 1945: el primero puede ser llamado el período "sagrado"; y el segundo, el "profano". En el primero, se busca un sustituto político de la religión (las "religiones seculares") y es entonces cuando se introduce, con significado positivo, el término "totalitarismo"; en el segundo se busca la liberación, no de ésta o de aquella religión, sino de *la* religión. (La palabra demitización, que se introduce en el uso corriente en torno a 1960, cedió su lugar a "desacralización"; son simbólicas las diferentes fortunas que tuvieron los intentos de combinar a Marx y Freud en el primero y en el segundo período). Como consecuencia de ello, el principio totalitario no encuentra más a nadie que lo reivindique, y se convierte sólo en un motivo de acusación. La pregunta que se presenta ahora es esta: ¿el totalitarismo pertenece, por principio, al período sagrado de la secularización, aún cuando, sin embargo, siguen vigentes hábitos totalitarios relevantes, consolidados en clases políticas dirigentes, con los peligros que se derivan? O, en cambio, ¿totalitarismo y secularismo son inseparables, de modo que el peligro totalitario se puede presentar hoy bajo una forma nueva, más peligrosa porque no se manifiesta como tal?

Es bien conocida la respuesta tranquilizadora que surge habitualmente ante esa pregunta: por grandes que sean las resistencias y las oposiciones que pueda encontrar en la URSS y en los países satélites de ella, el proceso de evolución democrática es, sin embargo, irreversible; en los países occidentales los partidos comunistas tienden cada vez más a abandonar el modelo soviético para asumir un rostro humano. Naturalmente, sigue existiendo esa izquierda que pretende el monopolio de los "derechos de la libertad", y, entonces, el proceso sólo puede ser lento; pero, por otra parte, no se puede renunciar a la gran parte de verdad que el marxismo contendría ni al pluralismo. También es conocida la tesis opuesta: la "barbarie" tiene sus raíces filosóficas en el marxismo mismo. Pienso que el estudio del pensamiento de Gramsci, en el cual se debe reconocer, en las intenciones, al más liberal entre los herederos del marxismo-leninismo, puede llevar a ver claro en esa cuestión. ¿A quién pedir la respuesta, sino a él, el más humano de los comunistas?

Comencemos observando que, literalmente, el pensamiento de Gramsci pertenece indiscutiblemente al primer período. Veamos qué dice del totalitarismo en el texto que, a ese respecto, es el más comprensivo: "Siempre sucede que las personas aisladas pertenecen a más de una sociedad particular y a menudo a sociedades que esencialmente están en oposición entre sí. Una política totalitaria tiende precisamente a: 1) obtener que los miembros de un determinado partido encuentren en este solo partido todas las satisfacciones que antes hallaban en una multiplicidad de organizaciones, o sea romper todos los lazos que ligan a estos miembros a organismos culturales extraños; 2) destruir todas las otras organizaciones o a incorporarlas a un sistema del que el partido sea el único regulador. Esto sucede: 1) cuando el partido en cuestión es portador de una nueva cultura y estamos ante una fase progresista; 2) cuando el partido en cuestión quiere impedir que otra fuerza, portadora de una nueva cultura, se vuelva "totalitaria", y estamos ante una fase represiva y reaccionario objetivamente, aunque la reacción (como siempre sucede) no se confiese abiertamente y trate de presentarse como portadora de una nueva cultura".[21]

Es un pasaje decisivo para entender la crítica gramsciana del fascismo. La contraposición de fascismo y comunismo se plantea para Gramsci en los términos de *totalitarismo verdadero* y *ficción de totalitarismo* o *totalitarismo fallido*. Todo su discurso se ubica en el interior del totalitarismo, y en este sentido se debe interpretar su frase según la cual "en la época actual la guerra de movimientos se ha dado políticamente de marzo de 1917 a marzo de 1921 y le ha seguido una guerra de posiciones, cuyo representante no sólo práctico (para Italia), sino también ideológico (para el resto de Europa) es el fascismo".[22] ¿Qué otra cosa puede significar

---

[21] *CC*, 3, 104-105.

[22] *CC*, 4, 130.

ese texto sino que después del final de la guerra de movimientos, la resistencia a la revolución también tuvo que asumir una apariencia de "totalidad"; también ella debió adoptar una fraseología revolucionaria y presentarse como portadora de los valores de la "verdadera" revolución? Las *Notas sobre Maquiavelo* (*CC*, 5, 11-92) sirven para definir con precisión una oposición a Mussolini que no tiene nada en común con el antifascismo liberal o democrático: "[...] se ha dicho que el protagonista del Nuevo Príncipe, no podría ser en la época moderna un héroe personal sino el partido político, [...] Cuando la crisis no encuentra una solución orgánica, sino la del jefe carismático, significa que existe un equilibrio estático (cuyos factores pueden ser dispares, pero en el que prevalece la inmadurez de las fuerzas progresistas), además, que ningún grupo, ni el conservador ni el progresista, tiene la fuerza necesaria para la victoria y que incluso el grupo conservador tiene necesidad de una amo (cfr. *El 18 brumario de Luis Napoleón*) una forma social tiene 'siempre' posibilidades marginales de ulterior desarrollo y ordenamiento organizativo y especialmente puede contar con la debilidad relativa de las fuerza progresista antagónica por la naturaleza y el modo peculiar de vida de esta, debilidad que hay que mantener; por eso se ha dicho que el cesarismo moderno más que militar es policíaco".[23] Es decir, en el pasado el cesarismo puede haber tenido una función progresista (César, Napoleón I). Más tarde, y ya bajo Napoleón III, la perdió por completo: en razón del cambio de las condiciones históricas, ese cesarismo fue enteramente absorbido por las posiciones reaccionarias, al punto de llevarlas a su término; al respecto, la figura de Mussolini es simbólica. Si observamos con cuidado, las críticas de Gramsci a Mussolini pueden resumirse en los siguientes términos: el fascismo no tuvo éxito como totalitarismo porque fue un cesarismo, y no tanto porque se haya avenido a compromisos sino porque sus compromisos estuvieron, desde un comienzo, destinados al fracaso y fueron favorables a las clases que ya detentaban el poder; por eso no incidió en el tejido social e institucional. Es curioso observar que los motivos esenciales de la crítica de Gramsci corresponden a las razones por la cuales hoy los investigadores concuerdan en hablar de fascismo como "totalitarismo fallido".[24]

La pregunta que se plantea ahora es la de saber qué fuerza conservan, con respecto a la versión gramsciana, las críticas que habitualmente se dirigen al totalitarismo. Si, como pienso, hay que afirmar que el pensamiento gramsciano no es "fragmentario" sino rigurosamente orgánico y coherente, si, antes bien, es el punto de llegada insuperable de la interpretación humanista y voluntarista del marxismo, del estudio del mismo se podrán extraer los criterios generales para valorarlas. *El caso de Gramsci es importante porque permite sondear los sentidos del totalitarismo.*

La crítica general es bien conocida: absolutización del poder (o sea absorción total de la *autoridad* en el *poder*, hasta la desaparición práctica de la idea de autoridad,

---

[23] *CC*, 5, 50, 53, 67.

[24] Cfr. por ejemplo, Domenico Fisichella. *Analisi del totalitarismo.* Messina-Firenze, D'Anna, 1976, p. 215 y sgs. Encuentro en el excelente libro de Fisichella una confirmación, desde el punto de vista de las ciencias políticas, de mi tesis sobre el totalitarismo.

que es la característica principal de la crisis actual) y trastrocamiento del proceso de liberación en la dependencia más esclavista que la historia haya conocido. Pero esta crítica está incluida en dos modelos interpretativos generales absolutamente opuestos, con propuestas ético-políticas correlativas. Refirámonos al carácter ya mencionado de religión secular: uno de los modelos ve ahí la permanencia, contradictoria con los tiempos modernos, del arquetipo hierocrático, el otro la consecuencia final del secularismo de los tiempos modernos.

Limitándonos a recordar aquí los rasgos esenciales del primero, que es el más difundido, podemos reducirlos a siete: 1) el revolucionario en nombre de la "revolución total" transcribe en términos mundanos la aspiración a lo "totalmente otro"; de ahí la simetría de los fenómenos revolucionarios con los religiosos (mentalidad mesiánica, que, en consecuencia, es intolerante y apocalíptica, que tiene su contrapartida política en el rechazo del reformismo, como compromiso con el mundo existente, etc.). 2) La permanencia del arquetipo sagrado se manifiesta en el carácter gnóstico–salvífico que el revolucionario atribuye al conocimiento, incluso si su pretensión de representar la modernidad lo lleva a la idolatría por la palabra "científico". 3) La transferencia al dominio secular hace que el revolucionario tenga siempre ante sí el modelo de una nueva Iglesia universal que debe sustituir a la antigua y hace particularmente sensible la simetría con la Iglesia católica. Así a los sacerdotes pastores de almas corresponden los intelectuales que persuaden permanentemente a los "pobres", la "clase obrera", etc. 4) Lo "totalmente otro" no es susceptible de ser realizado y esto sucede mientras el criterio de verdad es puesto en su realización; en razón de esta contradicción, se produce en el comunismo el fenómeno de las herejías que funcionan como una apelación al mensaje original "traicionado por los políticos" (exacta equivalencia en las acusaciones: mundanización de la Iglesia, aburguesamiento del partido, la contestación como intento de recuperación de la revolución total), con la persecución subsecuente de los desviacionistas, etc. 5) En su aspecto de religión secular, el comunismo lleva al límite la idea del poder hierocrático, porque a través de la secularización no abarca sólo el dominio cultural, sino también y *directamente* el político y económico; a través de la abolición de la distinción entre lo espiritual y lo temporal, el modelo medieval alcanza a la vez el máximo de coherencia y el máximo de opresión. 6) Si se tiene en cuenta la naturaleza arcaica de esos caracteres, se entiende el ascendente que el comunismo ejerce en los católicos, que estarán divididos entre el sentimiento de odio extremo o de una equivalente atracción extrema, pero nunca asumirán la actitud de los laicos que, insensibles a la apelación del comunismo, evalúan objetivamente los peligros que representa para el espíritu moderno, aún reconociendo la dificultad de evitar un peligro comunista en el proceso de modernización de los países atrasados. 7) El comunismo, como herejía respecto del cristianismo o confluencia de todas las herejías cristianas, puede tener la esperanza de absorber la vieja Iglesia, reducida, en este caso, a través de un suicidio para el cual se encontró el nombre de "compromiso", a sección de la nueva, destinada a asegurar contra todo temor por el más allá y a vencer todos los escrúpulos de los viejos creyentes con respecto al ateísmo marxista, bautizando a los comunistas como "cristianos anónimos" y combatiendo en nombre del "principio utópico" de la verdadera religión la vieja religión cerrada que era, en cambio, "opio del pueblo".

El error del comunismo consistiría en haber interpretado la revolución científico-industrial en términos religiosos. El agnosticismo sociologista se contrapone, a este respecto, a la "gnosis" comunista. De la idea del carácter arcaico de los totalitarismos se deriva la distinción entre socialismo y comunismo, con la posibilidad de dos discursos diferentes. Para uno, el marxismo sería susceptible de autocriticarse y, así, de dejar de lado los aspectos mesiánicos, escatológicos, gnósticos, etc. Podría hacerlo extendiendo hasta sus últimos términos la crítica que dirige a la religión trascendente; sometiéndose a una suerte de tratamiento psicoanalítico que pondría de manifiesto todo lo que de religioso permanece en una transposición de la proyección de los deseos del más allá en una metahumanidad futura. Bajo esa condición el comunismo podría transformarse en un socialismo occidental, moderno, secular y pluralista. Pero aquí sobreviene el segundo discurso, que observa que esa autocrítica encuentra un obstáculo casi insuperable en el dogmatismo fideísta y revolucionario y en el mito del hombre nuevo, que derivan del origen mesiánico del marxismo. Cualquiera que recorra la inmensa bibliografía gramsciana advierte que una parte muy amplia de ella es obra de la izquierda totalitaria y que los trabajos inspirados por esta se alternan en la tentativa de documentar, sin posibilidad de conciliación, uno u otro de esos discursos.[25] Hasta una estéril discusión sobre "hegemonía y pluralismo", que se desarrolló en el otoño y el invierno pasados, a la cual, por otra parte, se le debe reconocer una utilidad: haber documentado la irreconciliable diferencia de las dos interpretaciones.

Pasemos, entonces, a ver qué validez posee la crítica del totalitarismo en su versión laica y secularista, poniendo plenamente de manifiesto este carácter, que sus sostenedores generalmente más bien disimulan, como si razonaran desde un punto de vista "democrático", estrictamente político-sociológico y religiosamente neutral. En realidad el reproche dirigido a Gramsci es haber permanecido demasiado católico, si bien de un catolicismo invertido, al punto de ver en la Iglesia católica el antagonista esencial –pero un antagonista que se trata de reabsorber– y de haber tenido siempre *in mente* la unidad orgánica de la sociedad medieval, asignando, así, al socialismo la tarea de reconstituirla de forma moderna. Para el verdadero secularista, el cristianismo pertenece al siglo pasado, es objeto de historia; para Gramsci, en cambio, hay que "matarlo" para tomar su lugar, señal de que todavía está vivo y de que la función que ejerce no es eliminable, aunque en su forma histórica no es ya adecuada. El marxismo reconsiderado por Gramsci debe unificar los

---

[25] El punto extremo de la interpretación socialdemócrata se manifiesta en el libro de Giuseppe Tamburrano. *Antonio Gramsci.* 1963, hoy reeditado en Milano, SugarCo. La posición opuesta en Luigi Pellicani. *Gramsci e la questione comunista.* Firenze, Vallechi, 1976, investigación muy útil como colección de todos los elementos que se oponen a las interpretaciones edulcoradas.

dos pontificados presentes en Italia: el católico y el laico, este último ejercido por Benedetto Croce. Pero no se le ocurre ni por un instante que el secularismo deba excluir la idea del pontificado. En suma, laicismo y visión totalizante se excluirían, y la segunda no lograría disimular su parentesco con el arquetipo teocrático.

¿Cuánto hay de verdadero en esta tesis? Sin duda pone de manifiesto un aspecto real. El rasgo singular y único de la obra de Gramsci, tal como este aparece en toda la bibliografía marxista, consiste en la transcripción secular de la Iglesia católica y en la continua presencia en su mente del paralelo entre la Iglesia y el comunismo. El comunismo es, para Gramsci, la religión que debe tomar el lugar de la católica. Y esto no debe ser entendido en el sentido genérico de la simetría entre los fenómenos revolucionarios y los religiosos; el hecho de que esta simetría sea real no elimina la diferencia entre los pensadores revolucionarios, en cuanto que es diferente la forma religiosa que se traspone: la posición de Gramsci no puede ser identificada, por ejemplo, con la de Bloch, que atiende al momento escatológico. El carácter inconfundiblemente italiano de su pensamiento, sobre el cual tanto se ha insistido, deriva de su relación con el catolicismo, de tal modo que se puede sostener que, al final del ciclo, el hegelianismo italiano se reencuentra con el catolicismo, pero con una forma completamente inmanente del mismo. Es claro que se podría ver aquí el punto de partida de un discurso de fondo sobre el giobertismo de Gramsci.

Para comprender esto es necesario referirse a dos puntos, de los cuales he hablado en el ensayo precedente; primero, el aspecto que hace que la filosofía italiana del período 1890-1940 se caracterice por la descomposición de la religión como consecuencia del rechazo de lo sobrenatural, descomposición en la cual el pensamiento gramsciano se presenta como reivindicación unilateral de la función unitaria que la religión desarrolla en la sociedad y, segundo, el hecho de que, a partir de la *Storia d'Europa* de Croce, Gramsci vuelve a encontrar –y los afina para confirmarlos– todos los temas de su pensamiento juvenil. Al examinar esa continuidad, uno se da cuenta que el hilo de conexión entre esos temas y el pensamiento de los *Cuadernos* está constituido por la búsqueda de la versión secularizada de la unidad espiritual y social que la Iglesia católica había realizado en el Medioevo.

El Gramsci auténtico se asoma, en efecto, por primera vez en el tercer artículo que publicó en el semanario turinés *El grito del pueblo*, el 20 de noviembre de 1915. Se titulaba "La luce che si é spenta", y está dedicado a recordar la figura de Renato Serra, poco antes caído en el Podgora. Sin embargo, el recuerdo de Serra, personalidad muy distante de Gramsci, sólo fue la ocasión para el ensayo. Inmediatamente Gramsci compara a Serra con De Sanctis, "el mayor crítico que Europa haya tenido", y a De Sanctis con San Francisco, un paralelismo que ignoro si tiene algún antecedente: "Pensad en lo que representa en el Medioevo el movimiento franciscano frente al teologismo doctrinario de la Escolástica. La teología era pan de los ángeles, no de los míseros mortales y, sin embargo había invadido todas las manifestaciones religiosas, incluso la predicación al pueblo: Dios desaparecía detrás de los silogismos, se disipaba lejos, pero seguía pesando sobre las conciencias como algo enorme, aplastante. El intelecto había matado el sentimiento, la reflexión, calzando sus gafas, había estrangulado el ímpetu de la fe. Y llegó San Francisco, alma humilde, modesta. Espíritu simple, aventó todas las envolturas de papel, de pergamino, que habían alienado a Dios de los hombres e hizo renacer en cada ánimo la ebriedad divina. Esto hicieron De Sanctis y Serra por la poesía". Es decir, "fueron al pueblo", o sea llevaron al pueblo la poesía sin empobrecerlo, rompiendo "las alambradas erizadas de espinas eruditas".[26] Gramsci ve una conexión entre la renovación de la crítica literaria operada bajo la guía de De Sanctis, el socialismo y el franciscanismo. Esa relación de cultura y política justifica la anécdota con que comienza el artículo; ahí se habla de un pobre muchacho que no había podido concurrir a la escuela por su salud quebrantada y que se había preparado completamente sólo para el examen de ingreso. Cuando se presentó delante del maestro, "el representante de la ciencia oficial", este lo desalentó y le preguntó si conocía los 84 artículos del Estatuto. El muchacho volvió a su casa llorando y no quiso dar el examen en ese turno. La anécdota puede parecer de escasa importancia, sólo apropiada para demostrar que, como todos lo saben, la polémica contra el mero conocimiento de datos tiene sus años. Pero, a través de una carta enviada por Gramsci desde la cárcel (a Tania, 2 de enero de 1928) nos enteramos de que el pobre muchacho era el mismo Gramsci, y entonces el artículo se ilumina con un intenso significado. Lo que Gramsci cuenta en su exordio es el trauma que había dado inicio a su malestar con respecto a la sociedad; en aquel episodio había advertido la separación de las clases y el uso que la clase dirigente hacía de la cultura, incluso en sus representantes más modestos, para establecer una barrera entre aquella y el pueblo. Gramsci siente la separación entre las clases en el plano cultural aún antes que en el plano económico; o, al menos, si ambas son inseparables y, si la separación cultural cumple la función de proteger la separación económica, es sobre todo a través de la primera como Gramsci percibe el carácter injusto de la situación. Más tarde, la lectura de *La Voce* le enseñó al joven que la situación puede ser transformada: al conmemorar a Serra, caído en combate, uno de los principales colaboradores de la revista, declara la cultura de la cual proviene y a la vez reafirma ese cuasi intervencionismo que lo había excluido por un año de la colaboración con el semanario socialista. Pero la cultura de *La Voce* debe conducir hacia De Sanctis, y el ejemplo de su crítica lo lleva al pensamiento de un período histórico en el cual regía, o había sido temporalmente restablecida, a través del renacimiento franciscano, una unidad ideal entre los intelectuales y los simples.

Ya dije que en los *Cuadernos* son retomadas las posiciones juveniles, clarificadas en su sentido; ahora bien, la carta, el artículo, el cuaderno periten establecer una continuidad 1899 (el año en que Gramsci cumplía ocho años)-1915-1932. En efecto, los temas del artículo vuelven puntualmente en el undécimo cuaderno, donde se tratan las conclusiones del examen de la filosofía de Croce; en aquellas páginas, que en la primera edición, organizada según el orden sistemático, fueron antepuestas, con razón, al primer volumen publicado, *Il materialismo storico e la filosofia di Benedetto Croce*, como si debiesen servir de introducción ideal a toda

---

[26] El artículo fue reeditado en *Scritti giovanili*, pp, 10-12.

la obra, carácter que, en efecto, tienen. Para entender en su génesis cada uno de los conceptos nuevos de Gramsci, el mejor camino es buscarlos en las mencionadas páginas, aún cuando la referencia parezca mínima. Pero, además, una frase puesta entre paréntesis, tal vez no por casualidad, (¿se trata de una percepción conciente de la conexión? ¿El paréntesis indica la evocación de un pensamiento del pasado, entonces fragmentario, que ahora es integrado en una sistematización rigurosa?) muestra que el Gramsci de 1932 retoma puntualmente el motivo de fondo del artículo de 1915: "(Los movimientos heréticos del Medioevo como reacción simultánea a la politiquería de la iglesia y a la filosofía escolástica, que fue una expresión suya, sobre la base de los conflictos sociales determinados por el nacimiento de las comunas, fueron una ruptura entre masa e intelectuales en la iglesia, 'cicatrizada' por el nacimiento de movimiento populares religiosos reabsorbidos por la iglesia en la formación de las órdenes mendicantes y en una unidad religiosa)".[27]

De ahí se plantea el siguiente problema: ¿hay que buscar en este catolicismo latente, que actúa aunque se lo niegue, la explicación de la inflexión totalitaria que Gramsci da a su secularismo? La pregunta es importante porque en muchos permanece la idea, que considero completamente equivocada, de que la Iglesia católica preconciliar habría constituido el ejemplo más completo del totalitarismo, con la consiguiente imagen de los revolucionarios como personajes a caballo entre lo viejo y lo nuevo, entre la vieja visión teológica y la nueva visión laica de la vida. Es verdad que esta tesis rara vez es afirmada hoy en términos expresos, pero ¡si se hiciese la lista de las opiniones particulares que continúa impregnando! Pienso que esta es la ocasión para una refutación definitiva de la misma, la cual es posible precisamente a través de la consideración del muy coherente pensamiento de Gramsci.

Por hacer más cómoda la exposición, en primer lugar voy a presentar mis tesis sobre el totalitarismo gramsciano y, a continuación, voy a demostrarlas. Ante todo, es necesario entenderse sobre los diferentes sentidos del término, observando, antes que nada, que la idea de totalitarismo es inseparable de la de "revolución total". Para probarlo basta reflexionar sobre la definición que, en una obra hoy clásica, Friedrich y Brzezinsky dieron de la característica primera de las dictaduras totalitarias: la presencia de una ideología "centrada y proyectada hacia un estadio final y perfecto de la humanidad, es decir una afirmación milenarista basada en el rechazo radical de la sociedad existente y, a la vez, en la conquista del mundo en beneficio de una nueva sociedad". Pues bien, ¿esta definición no corresponde puntualmente a la de "pensamiento revolucionario"? ¿De qué otra cosa deriva el término totalitarismo sino de totalidad? Ahora bien, el paso de una sociedad fundada en una concepción teológica trascendente, o incluso inmanente, a otra completamente secularizada, en la cual la idea de Dios desaparece sin dejar rastros, es propiamente el paso de una totalidad a otra; de un eón a otro eón, para seguir la tesis de los orígenes gnósticos del pensamiento revolucionario; sin esta fractura radical, el paso al secularismo significaría el viejo mundo vaciado de valores. El revolucionario podría extraer

---

[27] *CC* 4, 252.

muchas conclusiones a su favor a partir de la observación del actual Occidente pluralista. ¿Este no está adquiriendo los rasgos del mundo de Sade, que es la ejemplificación perfecta en su género del dominio de la fuerza pura? ¿No se está llegando ahí a través de la deresponsabilización permisiva? El puro pluralismo por sí mismo puede representar sólo el caos y la anarquía, una situación de la cual se puede salir sólo a través de una fractura radical. Por ende, debemos preguntarnos si, admitido que el momento totalitario es ineliminable del proceso revolucionario, no se puede pensar en una diversidad de sus formas: en un totalitarismo como solución definitiva que representa el máximo de la opresión y en un totalitarismo provisorio como momento necesario de coerción en el período de la transición, destinado a ser superado en una forma más alta de libertad. La conclusión extraída de la observación empírica de los modelos totalitarios desarrollados hasta ahora no demuestra nada; y es necesario reconocer que Gramsci advirtió el problema como ningún otro e hizo todos los esfuerzos para definir la segunda vía. Su totalitarismo es lo inverso, en las intenciones, del estalinista. En el estalinismo se avanza hacia una coerción cada vez mayor; en el gramscismo, la coerción provisoria debe ceder progresivamente frente al momento del consenso. Con frecuencia se ha hablado de la "traición necesaria para su éxito", como de una necesidad intrínseca a la revolución total, que lleva inevitablemente al totalitarismo, en el sentido de opresión. Ahora bien, el pensamiento de Gramsci es, a mi juicio, la mayor e insuperable tentativa de evitar esa necesidad, pero destinada al fracaso por razones que son intrínsecas a su esencia. El problema crucial que hoy enfrenta la crítica gramsciana es el siguiente: si el resultado al cual puede conducir su obra corresponde a su intención o, si bien, al contrario, no la trastoca, suministrando así la prueba decisiva de aquella necesidad.

La intención

Como se sabe, la idea de hegemonía es el concepto nuevo que debería permitir superar las dificultades: Gramsci lo presenta como ya implícito en Lenin, como un descubrimiento filosófico leninista, que él habría simplemente clarificado. Se trata de una atribución bastante discutible, pero veremos cómo Gramsci fue conducido o, mejor, constreñido a sostenerla. No añade "es lo que sus sucesores olvidaron", pero parece indudable que lo pensó. Lo que es cierto es que en vida pagó por la sospecha de haberlo hecho. La novedad que la idea de hegemonía aporta al marxismo permite explicar tanto su aislamiento en los años de la cárcel como el éxito descollante alcanzado en los años recientes. Hay un paralelismo perfecto entre la novedad de su pensamiento y la soledad entre sus compañeros de cárcel, con frecuencia acompañada por actitudes hostiles.[28] Para Gramsci la oposición esencial es "dictadura con hegemonía" y "dictadura sin hegemonía"; las otras oposiciones dicotómicas (hegemonía-dominio; dirección-dictadura, consenso-fuerza) caben en la

---

[28] Sobre estas vicisitudes, cfr. ahora Paolo Spriano. *Gramsci in carcere e il Partito.* Roma, Editori Reuniti, 1977.

primera. A través de la idea de la dictadura-hegemonía, Gramsci piensa hacer suya la verdad del liberalismo como también la del catolicismo; y llegar a un comunismo en el cual encuentre satisfacción la exigencia del consenso.

Para entender el proceso a través del cual llegó a esa idea del comunismo, debemos partir de la intuición nueva, absolutamente sin paralelos, del Gramsci de los *Cuadernos*: intuición según la *cual el desarrollo vigoroso del momento filosófico del pensamiento de Lenin y el desarrollo hasta las últimas consecuencias de la reformulación italiana de la filosofía hegeliana deben coincidir*, de tal modo que el historicismo italiano, convertido en coherente, se identificaría con el marxismo liberado de las escorias que habían llevado a la disputa entre las diferentes ortodoxias y revisionismos, y realizaría, así, la verdadera filosofía de la revolución. La recuperación de la universalidad debería ser acompañada por la reanudación de una revolución que, inicialmente pensada como mundial, parecía entonces detenida en los confines de Rusia. Ciertamente entre los pensadores marxistas de los años '29, Gramsci es el que se planteó con mayor rigor la pregunta de cómo la revolución *mundial* comunista es posible; y esto es lo que lo distingue, por ejemplo, de un Lukács o de un Korsch, el primero de los cuales se subordina al estalinismo, el segundo rompe con el comunismo soviético.

Han transcurrido treinta años desde la publicación de la primera obra póstuma de Gramsci con el título *Il materialismo storico e la filosofia di Benedetto Croce*, y la dictadura crociana se derrumbó; estamos tan acostumbrados a los *slogans* sacados de la obra de Gramsci, que nos sorprendemos ante las tesis que sostienen lo contrario. Pero intentemos volver a sumergirnos en el clima cultural de los años '30 y '40; quien hoy peina canas puede hacerlo, pero creo que sería una empresa sin esperanza para un joven. Ninguno de los jóvenes intelectuales antifascistas de entonces –y quien escribe fue testigo de ello– tenía la más lejana sospecha de la posibilidad de la vía que Gramsci estaba abriendo en la prisión. ¡La convergencia entre Lenin y Croce! Semejante idea habría parecido loca a los más avanzados de aquello jóvenes intelectuales. Razonaban en general así: la crítica crociana del marxismo debe ser considerada como decisiva, y el socialismo que puede ser retomado en Occidente y armonizado con el liberalismo debe liberarse de la pesada hipoteca del marxismo filosófico; en cuanto al leninismo, su alcance filosófico es nulo, y lo que atañe a su significado político es historia rusa. Así, Lenin parecía confirmar la tesis crociana sobre el carácter de ideología del marxismo –en cuanto instrumento de acción política–, y no de filosofía. Es verdad que había quien se inclinaba hacia el comunismo, pero entonces consideraba su deber romper completamente con la cultura crociana. Estando así las cosas en lo que concierne a los ambientes intelectuales, no hay motivo para sorprenderse si las relaciones de Gramsci con sus compañeros comunistas presos fue tan difícil, y si este se apagó en el aislamiento intelectual más completo, y probablemente en la desesperación. Todo su trabajo podía terminar perdiéndose por completo.

La referencia a la primera idea, la de hegemonía, sirve para definir el orden que hay que establecer entre los diferentes pasajes de los *Cuadernos* en que se trata la relación entre hegemonía y consenso. El primero en orden, me parece el siguiente, extraído del décimo cuaderno: "En él [es decir en el 'fundador de la filosofía de la praxis', en Marx] está contenido en embrión también el aspecto ético-político de la política o la teoría de la hegemonía y del consenso, además del aspecto de la fuerza y de la economía".[29] Entonces, la afirmación del momento de la hegemonía debe ser reconducida a la distinción entre la versión economicista del marxismo y la versión en términos de filosofía de la praxis. La contraposición crociana de la historiografía ético-política a la materialista-histórica, entendida en el sentido de explicación mecanicista y economicista, tiene un momento de validez; pero el crocianismo debe ser colocado en el interior del marxismo como momento de su liberación de las escorias, en el sentido de que tiene la función de mediar el paso a la interpretación y al desarrollo rigurosos. Hay que observar que en este punto Gramsci coincide con el joven Gentile que, exactamente de la misma manera, concebía las investigaciones crocianas sobre el materialismo histórico como introducción a una filosofía de la praxis más elaborada filosóficamente que la propuesta por Marx.

Pero ¿cómo se produjo la conversión del "hombre activo de la masa" al marxismo? En otro pasaje de fundamental importancia, Gramsci habla de las "dos conciencias teóricas" de ese hombre: "una implícita en su actividad y que realmente lo une a todos sus compañeros de trabajo en la transformación práctica de la realidad y una superficialmente explícita o verbal que ha heredado del pasado y la ha acogido sin crítica". En suma, se encuentra en una situación de "conciencia contradictoria" que puede llegar al extremo de no permitir "ninguna acción, ninguna decisión, ninguna selección", y de llegar a producir "un estado de pasividad moral y política". Pero puede salir de esa situación a través de una comprensión de sí mismo: "La comprensión crítica de sí mismo se produce pues a través de una lucha de 'hegemonías' políticas, de direcciones contrastantes, primero en el campo de la ética, luego de la política, para llegar a una elaboración superior de la propia concepción de lo real. La conciencia de ser parte de una determinada fuerza hegemónica (o sea la conciencia política) es la primera fase para una ulterior y progresiva autoconciencia en la que teoría y práctica finalmente se unifican. Tampoco la unidad de teoría y práctica es un dato de hecho mecánico, sino un devenir histórico, que tiene su fase elemental y primitiva en el sentido de 'distinción', de 'desapego', de independencia apenas instintivo, y progresa hasta la posesión real y completa de una concepción del mundo coherente y unitaria. He ahí por qué debe hacerse resaltar cómo el desarrollo político del concepto de hegemonía representa un gran progreso filosófico además de político-práctico, porque necesariamente implica y supone una unidad intelectual y una ética correspondiente a una concepción de lo real que ha superado el sentido común y se ha convertido, aunque dentro de límites todavía restringidos, en crítica".[30]

Aún cuando, en un pasaje muy conocido, Gramsci acusa a Gentile de haber confundido hegemonía y dictadura, consenso y fuerza, es imposible leer estas líneas

---

[29] *CC*, 4, 198.

[30] *Ibid.*, 253.

sin que nos venga a la cabeza la teoría pedagógica gentiliana sobre la autoeducación. Y la comparación, aunque no se menciona el nombre de Gentile, la establece Gramsci mismo, cuando, después de una clara referencia a la moderna impostación de la relación maestro-alumno y a la tesis de que la relación pedagógica no puede limitarse a las relaciones "escolares" (con este término Gramsci entiende el contacto de las nuevas generaciones con las antiguas), sino que es coextensivo a todas las sociedades, afirma que "toda relación de hegemonía es necesariamente una relación pedagógica".[31] De donde surge que *el concepto de hegemonía coincide con la interpretación de la revolución como reforma intelectual y moral.*

El proceso por el cual el católico supera en el comunismo la "conciencia contradictoria" está delineado en las páginas del undécimo cuaderno, en el cual se trazan los lineamientos esquemáticos de una breve historia de la Iglesia. Gramsci le reconoce a esta ante todo un gran mérito: el haber sido "siempre la más tenaz en la lucha para impedir que se formen oficialmente dos religiones, la de los 'intelectuales' y la de las 'almas simples'". Pero esta función entró en crisis en la época de la Contrarreforma al surgir la concepción inmanente de la vida y al separarse la Iglesia de la cultura. Ocurrió así "una ruptura en la comunidad de los fieles, ruptura que no puede ser sanada elevando a los 'simples' al nivel de los intelectuales [...] sino con una disciplina de hierro sobre los intelectuales para que no traspasen ciertos límites en la distinción y no la hagan catastrófica e irreparable". En consecuencia, hoy rige una separación con tres direcciones: están los católicos integristas, negadores absolutos del mundo moderno; están los jesuitas, artífices realistas del compromiso y del equilibrio que, para conservarlo "imprimieron a la Iglesia un movimiento de progreso que tiende a dar ciertas satisfacciones a las exigencias de la ciencia y de la filosofía, pero con un ritmo tan lento y metódico que las mutaciones no son percibidas por la masa de los simples, si bien parezcan 'revolucionarias' y demagógicas a los 'integristas'". Están luego, aunque ocultos, los modernistas. Gramsci le dedica al modernismo, que en aquellos años parecía un episodio ya cerrado, una especial atención. "El modernismo no ha creado órdenes religiosas, sino un partido político, la democracia cristiana". Esto tiene un significado muy grande como demostración de que, en la edad moderna, la política debe sustituir a la religión en la liberación del hombre. En cuanto a las órdenes religiosas surgidas después de la Compañía de Jesús, tienen un escaso significado religioso y un gran significado disciplinar: "instrumentos de 'resistencia' para conservar las posiciones políticas adquiridas, no fuerzas renovadoras de desarrollo".[32]

Ciertamente se puede admirar la capacidad de Gramsci para adivinar el futuro. La crisis de la Iglesia –por cierto no prevista por nadie en los años '30– ocurrió realmente, después de 1960, en la forma que él la había descrito. En tiempos turbulentos, renació el modernismo, y exactamente en forma de resolución de la religión en política a través de las diferentes teologías "políticas", de la revolución, de la libe-

---

[31] *Ibid.*, 210.

[32] *Ibid.*, 249-252.

ración, de la secularización, etc.; y la crisis también hizo reaparecer, involucrándola, la misma línea silenciosamente mediadora y equilibrante de los jesuitas. Pero esto debe servir a los católicos como advertencia de no andar ofreciendo verificaciones de todo lo que Gramsci escribió, porque esas verificaciones serían también la confirmación de las conclusiones de este; escuchar su lección no quiere decir buscar compromisos, sino eliminar de raíz aquellos factores de crisis a los cuales, muchos años ha, dirigía su atención un pensador secularista singularmente perspicaz.

Pero lo que más interesa ahora es el pasaje inmediatamente posterior a la frase que acabamos de citar: "La posición de la filosofía de la praxis no tiende a mantener a los 'simples' en su filosofía primitiva del sentido común, sino, por el contrario, a conducirlos a una concepción superior de la vida. Si afirma la exigencia del contacto entre intelectuales y simples, no es para limitar la actividad científica y para mantener una unidad al bajo nivel de las masas, sino precisamente para construir un bloque intelectual-moral que haga políticamente posible un progreso intelectual de masas y no sólo de escasos grupos intelectuales".[33] Son las líneas que anteceden en el texto a aquellas que ya hemos evocado sobre las "dos conciencias teóricas". Asociándolas, como lo estaban sin duda en la mente de Gramsci cuando las escribió, aunque la conexión no le resulte inmediatamente evidente al lector, obtendremos la siguiente conclusión: el católico vive hoy en una conciencia contradictoria y cerrada, que oscila entre una voluntad de vivir su fe religiosa como fuerza propulsora de progreso histórico, entendido como proceso de unificación de la conciencia, y una doctrina que oscila entre la propuesta de la restauración de un sentido común perteneciente al pasado y la defensa de una institución que, reducida a la defensiva, debe establecer compromisos con los otros órganos del orden dominante. Vivida a fondo, esa contradicción paralizaría toda capacidad de decisión. Ahora bien, la filosofía de la praxis, y sólo ella, se presenta como su solución. En este primado filosófico consiste el fundamento ideal de la hegemonía que, a su vez, fundamenta la hegemonía del partido comunista en el bloque histórico. Entre los aliados hay una contradicción entre la historia y la práctica, que el proceso de comprensión crítica de sí mismo, consecuencia de la acción política, permite superar en la adhesión consciente a una concepción del mundo coherente y unitaria.

En cuanto a los representantes de la cultura laica y la civilización inmanente, para Gramsci, su error es el inverso del de los católicos. Si estos pueden tratar de mantener la unidad sólo bajando el nivel tanto de los intelectuales como del pueblo, los laicos no han sabido realizar la unidad de lo de arriba y de lo de abajo, no han sabido "ir al pueblo", y han olvidado la exigencia de unidad que había sido el gran mérito histórico de la Iglesia católica (curiosamente Gramsci, que no conoce a Comte sino a través de citas, redescubre exactamente, respecto del catolicismo, la posición comtiana), para llegar después a teorizar su deficiencia. Croce, "el nuevo Erasmo" ejemplifica de manera perfecta esa posición. Su filosofía, en cuanto quiere borrar el marxismo de la historia de la filosofía o quiere sustraerse desesperadamente a

---

[33] *Ibid.*, 252.

la hegemonía de la filosofía de la praxis –"puede decirse que gran parte de la obra filosófica de B. Croce representa ese intento de reabsorber la filosofía de la praxis e incorporarlo como sierva de la cultura tradicional"[34] – es la "confesión de impotencia de la filosofía idealista para convertirse en una concepción del mundo integral (y nacional)";[35] pero con esto sólo representa de manera hipócrita "el viejo principio de que la religión es necesaria para el pueblo".[36] Se podría decir que, para Gramsci, Croce, en su tentativa de sobrepasar la trascendencia teológica y el materialismo, oscila entre un teologismo apenas disimulado –"el historicismo idealista crociano permanece todavía en la fase teológico-especulativa"–[37] y, al presentarse como un filósofo "mundano", la posición libertina, porque, vista desde ese ángulo, su tesis de que "las ideologías son para los gobernados meras ilusiones, un engaño sufrido, mientras para los gobernantes, un engaño voluntario y conciente",[38] corresponde exactamente a la que era la doctrina del *libertinage érudit*, continuación, bajo un aspecto, del maquiavelismo, pero no del Maquiavelo al que atendía Gramsci. En realidad, Gramsci no se sirve del término "libertinismo" con respecto a Croce, porque en el lenguaje habitual de entonces, y tal como él mismo lo usaba, ese término designaba generalmente sólo una disposición práctica de amoralismo, sino que se sirve de términos equivalente ("parece que Croce se acerca más a la interpretación materialista vulgar que la filosofía de la praxis").[39] En efecto, ¿a dónde conduce la distinción crociana de filosofía e ideología? Lejos de salvar la "pureza" de la filosofía, según su intención confesa, se transforma por inversión en una ideología de defensa del poder de los grupos dominantes, o sea de una negación de la universalidad concreta, de desconocimiento de la humanidad de los integrantes de los grupos sociales subalternos. La "defensa de la filosofía" no se opera en ese terreno de la distinción, sino en el de la identidad de filosofía e ideología. Es cierto que esa identidad implica el reconocimiento de que "la misma filosofía de la praxis es una superestructura, es el terreno en el que determinados grupos sociales toman conciencia de su propio ser social; de su propia fuerza, de sus propias obligaciones, de su propio devenir [...] Hay sin embargo una diferencia fundamental entre la filosofía de la praxis y las otras filosofías: las otras ideologías son creaciones inorgánicas porque son contradictorias, porque se orientan a conciliar intereses opuestos y contradictorios; su 'historicidad' será breve porque la contradicción aflora después de cada acontecimiento del que han sido instrumento. La filosofía de la praxis, por el contrario, no tiende a resolver pacíficamente las contradicciones existentes en la historia y en la sociedad, incluso es la misma teoría de tales contradicciones; no es el instrumento de gobierno de grupos dominantes para obtener el consenso y ejercer la

---

[34] *Ibid.*, 219-292.

[35] *Ibid.*, 181.

[36] *Ibid.*, 181-182.

[37] *Ibid.*, 128.

[38] *Ibid.*, 200.

[39] *Ibid.*, 201

hegemonía sobre clases subalternas; es la expresión de estas clases subalternas que quieren educarse a sí mismas en el arte de gobierno y que tienen interés en conocer todas las verdades, incluso las desagradables, y en evitar los engaños (imposibles) de la clase superior y tanto más de ellas mismas".[40] Es un pasaje muy conocido, citado muchas veces y que, sin embargo, uno se siente obligado a transcribir una vez más. Importa subrayar la alusión al consenso: también las ideologías al servicio de los grupos dominantes apelan al consenso, y muchas veces lo obtienen. Por consiguiente, aquello sobre lo cual Gramsci insiste no es el simple hecho del consenso; aunque no usa esta terminología, distingue entre el consenso racional y el que hoy es denominado "consenso manipulado". Entonces, el momento de la coerción se convierte en la aplicación de la disciplina a la formación del hombre colectivo, necesaria para llegar al consenso racional.

Hemos hablado de la "conciencia contradictoria" del católico como momento que exige su superación a través de la comprensión crítica de sí mismo, en el reconocimiento de la función hegemónica de la filosofía de la praxis. ¿De qué términos nos valemos para definir la contradicción de conciencia del laico no comunista? Pienso que la indicación precisa debe buscarse propiamente en el pasaje en apariencia más totalitario de Gramsci, aquel sobre el "partido, Príncipe moderno", que los mismo gramscianos más intransigentes parecen sugerir hoy que no debe ser tomado literalmente: "El Príncipe moderno, desarrollándose, trastorna todo el sistema de relaciones intelectuales y morales en cuanto que su desarrollo significa precisamente que todo acto es concebido como útil o dañino, como virtuoso o perverso, sólo en cuanto que tiene como punto de referencia al Príncipe moderno mismo y sirve para incrementar su poder o para obstaculizarlo. El Príncipe toma el lugar, en las conciencias, de la divinidad o del imperativo categórico, se convierte en la base de un laicismo moderno y de una completa laicización de toda la vida y de todas las relaciones habituales".[41] Intentemos leerlo correctamente concentrándonos en la segunda frase. Ahí se habla de "laicismo moderno" y de "imperativo categórico"; en la época de la juventud de Gramsci, la base del laicismo moderno se buscaba en la moral de Kant como moral autónoma. Ahora bien, quien niega en nombre de la moral kantiana la filosofía de la praxis y la política revolucionaria, niega a la vez, según Gramsci, la universalidad ética afirmada por el imperativo categórico, porque desconoce la humanidad en las grandes masas. Es el imperativo categórico mismo el que obliga a un contenido particular, que es la política revolucionaria. Se podría decir que el pasaje tiene el sentido de una conciliación entre Maquiavelo y Kant, alcanzada, no ya a través de una atenuación, sino a través de un desarrollo de las tesis de los pensadores hasta sus consecuencias extremas.

Se podría objetar que en los *Cuadernos* aparece dos veces la crítica del imperativo categórico.[42] Pero, si se mira con atención, es una crítica que se refiere a la formula-

---

[40] *Ibid.*

[41] *CC*, 5, 18.

[42] *CC*, 4, 330; *CC*, 5, 277.

ción formalista kantiana "conectada con su época, con el iluminismo cosmopolita"; sobre todo, Gramsci critica a Kant por la ausencia de historicismo, la fallida crítica del concepto de "naturaleza humana". Esta última va dirigida contra el revisionismo neokantiano o, más en general, contra las interpretaciones que ven en el marxismo una apelación a la doctrina del derecho natural, y también apunta a las polémicas socialdemócratas contra el leninismo inspiradas en aquellas; en síntesis, forma parte de aquel Gramsci anti-Mondolfo, que merecería mayor atención de la que ha recibido hasta ahora, al menos para poner fin a los equívocos de las interpretaciones socialdemócratas de su pensamiento. En cambio, tienen mayor interés las citas de los escritos juveniles. En efecto, ¿qué quiere decir Gramsci cuando habla del Carlo Michelstaedter suicida "porque no logró poner de acuerdo la práctica cotidiana con los principios de la moral de Kant"?[43] Es evidente que la moral de Kant pone frente a una encrucijada: o el suicidio o la destrucción revolucionaria del orden existente. En un artículo del 29 de abril de 1917, que me parece es el primero en el cual aparece la expresión "orden nuevo", la revolución rusa es vista como instauración del hombre tal como Kant, "el teorizador de la moral absoluta", lo había promovido.[44] En otro, del 20 de abril de 1918, la democracia es definida como lo que "convierte en militantes" las doctrinas morales "tal como se desarrollaron en Immanuel Kant".[45] Son juicios que derivan de la formación turinesa y de la primera formación filosófica de Gramsci.[46] Pero el implante del hegelianismo meridional no podía anularlos, dado que ese hegelianismo, en la línea de Spaventa, bien conocida por Gramsci, puede ser definido globalmente como reafirmación de Kant después de Hegel. Se puede decir que también aquí Gramsci se ubica en la línea de la cultura idealista italiana, que oponía un mejor Kant al de los neokantianos; y, aunque no lo dice, opone un mejor kantismo al del revisionismo socialdemócrata. Tal vez se pueda ver en el imperativo categórico introducido en el pasaje sobre el partido, el resultado de un moralismo kantiano completamente disociado de la metafísica y

---

[43] En el artículo "La vita e la morte", aparecido en la edición piamontesa de *Avanti!*, 2 de abril de 1918, reimpreso en *Sotto la mole*, p. 100.

[44] "Notas sobre la revolución rusa", en *Scritti giovanili*, p. 205.

[45] "Repubblica e proletariato in Francia", en *Scritti giovanili*, p. 205.

[46] Bergami (*Il giovane Gramsci e il marxismo, 1911-1918*. Milano, Feltrinelli, 1977, p. 51) recuerda un pasaje de inspiración kantiana de un filósofo que ejercía en aquellos años una cierta influencia en el socialismo turinés, Zino Zini: "En armonía con el neocriticismo de la escuela de Marburgo, Zini indicaba que la fundamentación filosófica del socialismo consiste en 'poner la ley de la voluntad en nosotros, la ley que la voluntad se da a sí misma en cuanto es de suyo legisladora; pero no en el *yo* empírico del sujeto real, sino en el universal humano, en la idea de hombre'". (*La morale al bivio*. Torino, Bocca, 1914, p. 170). En conformidad con esta tesis, Zini desarrolló una exposición sobre la enseñanza popular ante el Consejo comunal de Torino, en diciembre de 1916, la cual fue muy alabada por Gramsci, en el artículo "Uomini o machine" publicado en el *Avanti!* piamontés del 24 de diciembre de 1916, ahora en *Scritti giovanili*, p. 58) y que fue probablemente también el fundamento de la amistad entre ellos, dado que Zini fue el único filósofo de edad llamado a colaborar en *El Orden Nuevo*. Sin detallar demasiado la influencia (cosa que Bergami se abstiene de hacer), hay que reconocer que la moral kantiana, tal como se encuentra expresada en el pasaje recordado, no podía dejar de ejercer una cierta fascinación en un joven socialista que rechazaba a la vez la moral teológica y la utilitaria.

del iusnaturalismo. Es cierto que sin la presencia de este moralismo, aunque en los *Cuadernos* esté generalmente silenciado, no se llega a comprender plenamente la crítica grasmsciana al laicismo no marxista.

Se ve aquí la falta de fundamento de las críticas dirigidas a Gramsci en nombre del pluralismo, al menos cuando esa cuestión se reduce a sus términos sociológicos. El ejercicio del poder se ordena a la producción del consenso libre porque racional, capaz de realizar aquella coincidencia de libertad y de necesidad en la cual ve uno de los mayores legados de la filosofía clásica alemana. Quienes inicialmente son liberales o socialistas o católicos pueden acceder a la reforma intelectual y moral a través de los itinerarios que hemos expuesto esquemáticamente.

Por cierto, con esto no se quiere decir que el momento de la coerción esté ausente. He repetido varias veces que es imposible interpretar el pensamiento de Gramsci en un sentido reformista o socialdemocrático. "Reforma intelectual y moral" quiere decir radicalización extrema de la revolución, como una formación intelectual y moral del hombre nuevo, y no, en absoluto, abandono de la fractura revolucionaria por la simple rectificación del orden existente. Por eso no hay que sorprenderse ante la dureza que aflora en ciertos pasajes, como el célebre texto que trata de la distinción entre "dominio" y "dirección intelectual y moral", términos intercambiables con "dictadura" y "hegemonía": "Un grupo social es dominante de los grupos adversarios que tiende a 'liquidar' o someter incluso con la fuerza armada, y es dirigente de los grupos afines y aliados. Un grupo social puede y, más bien, debe ser dirigente ya antes de conquistar el poder gubernamental (esta es una de las condiciones principales para la conquista misma del poder); después, cuando ejerce el poder, y aunque lo tenga fuertemente en el puño, se vuelve dominante, pero debe continuar siendo 'dirigente'".[47] No sólo las relaciones con los adversarios son relaciones de fuerza, sino también la libertad de los aliados, dirigidos intelectual y moralmente, se parece bastante a la libertad de un pollo al espiedo.

Pero también aquí es necesario ponerse en la óptica del revolucionario y no pedir al "jacobino" Gramsci que sea liberal; lo que en la época de Gobetti podía pasar por un error generoso, hoy es sólo un error inexcusable. Lo que se le puede pedir al revolucionario es si realmente ha tratado de definir el carácter transitorio del momento del dominio y el modo con el cual puede ser superado, y hay que convenir que Gramsci lo hizo. En lo que toca a la necesidad del momento del dominio, hay que pensar en su tesis sobre el origen práctico del error, tomada de Croce, y considerada, según una interpretación bastante discutible, como doctrina originariamente perteneciente al marxismo ("el *error* de Croce es la *ilusión* de los filósofos de la praxis").[48]

Establecida esta conexión, se sigue que el error está en el desconocimiento de la historicidad, por ende, en la afirmación de un modo particular de pensar y una situación social correspondiente como expresión de valores eternos, ab-

---

[47] *CC*, 5, 387.

[48] *CC*, 4, 185.

solutos, inmutables, naturales, etc.; es claro que en esta utilización de la teoría crociana ya tenemos aquella "sacralización", "mitización", etc., cuya denuncia se ha convertido en el lugar común de la cultura de posguerra y, estaría por decir, en el trascendental de la "cultura de la capitulación". Permaneciendo ahora en el pensamiento gramsciano, esa doctrina permite distinguir entre los adversarios y los aliados, y dar un significado moral a la coerción; la cual se ejerce sobre quienes defienden intereses particulares, mientras la dirección intelectual y moral acompaña la conversión al comunismo, por derecho necesaria, de quienes han elegido el camino de las causas universales.

Ahora bien, para Gramsci hay una perfecta equivalencia en las distinciones entre dictadura y hegemonía, dominio y dirección, sociedad política y sociedad civil. ¿Cómo se configura para él la tesis marxista clásica sobre el fin del Estado? Como "reabsorción de la sociedad política en la sociedad civil".[49]

El sentido que el término Estado reviste en sus páginas no es siempre el mismo; así habla de "Estado = sociedad política + sociedad civil, es decir, hegemonía acorazada por la coerción"[50], pero las líneas siguientes manifiestan que, para él, la distinción entre sociedad política y sociedad civil corresponde a la que hay entre Estado como organización coercitiva y Estado ético: "El elemento Estado coerción se puede imaginar extinguible a medida que se afirman elementos cada vez más conspicuos de sociedad regulada (o Estado ético o sociedad civil)".[51] No se puede afirmar que el término "Estado ético" reaparezca con frecuencia, pero el uso que el fascismo estaba haciendo de él, sirve para explicar esa reticencia que Gramsci experimenta al servirse de él; lo que importa es la presencia del concepto en un juicio de aprobación sin condiciones. Merecen atención dos pasajes verdaderamente decisivos. En el primero, la idea del Estado ético está unida a la de la extinción del Estado: "Pero, en realidad sólo el grupo social que postula el fin del Estado y de sí mismo como fin a alcanzar puede crear un Estado ético, tendiente a poner fin a las divisiones internas de los dominados, y a crear un organismo social unitario técnico-moral".[52] El segundo establece con precisión definitiva la relación entre sociedad política y sociedad civil, dominio y dirección, coerción y consenso y hace aparecer, en el trasfondo, el sentido de la extinción del Estado: "En realidad el Estado debe ser concebido como 'educador' en cuanto que tiende precisamente a crear un nuevo tipo o nivel de civilización. Por el hecho de que se opera esencialmente sobre las fuerzas económicas, se organiza y se desarrolla el aparato de producción económica y se renueva la estructura, no debe sacarse la conclusión de que los hechos de superestructura deban abandonarse a sí mismos, a su desarrollo espontáneo, a una germinación casual y esporádica. El Estado, también en este campo, es un instrumento de 'racionalización', de aceleración y de taylorización.

---

[49] *CC*, 3, 76.

[50] *Ibid.*

[51] *Ibid.*

[52] *Ibid.*, 308.

Opera según un plan, presiona, incita, solicita y 'castiga', porque, creadas las condiciones en que un determinado modo de vida es 'posible', la 'acción o la omisión criminal' deben tener una sanción punitiva, de alcance moral, y no sólo un juicio de peligrosidad genérica. El derecho es el aspecto represivo y negativo de toda la actividad positiva de civilización desarrollada por el Estado".[53] De esto resulta que la sociedad política y la sociedad civil no deben ser consideradas como momentos distintos. Son los aspectos inseparables, el negativo y el positivo, de una misma realidad que es el Estado educador; la disminución del aspecto coercitivo está en proporción directa con el progreso de la obra de civilización, el término de ese proceso es la extinción del Estado.

La intención de Gramsci es, sin duda, la de neutralizar toda objeción que pueda ser desplegada contra el comunismo en nombre del liberalismo. Se puede imaginar un diálogo ideal con Piero Gobetti, en el cual el sardo intentará convencer al piamontés de que la "revolución liberal" no puede asumir otra forma que no sea la de la revolución comunista. Tal vez, al comienzo de los *Cuadernos*, este diálogo existió, lo probaría el hecho de que el programa de la *opera für ewig*[54] calca lo que Gobetti había propuesto en la presentación a los lectores de *Revolución liberal*.

Es en este sentido como debe ser entendida la prioridad que Gramsci asigna al momento cultural y pedagógico. Si se mira con cuidado, el texto decisivo al respecto debe buscarse en la crítica que dirige a Bujarin, y más precisamente, en el primer punto que se refiere a la realidad del mundo exterior.

Gramsci defiende ahí el idealismo gnoseológico contra las críticas planteadas en nombre del "sentido común", observando que la creencia en la objetividad del mundo exterior es de "origen religioso, aunque quien participe de ella sea religiosamente indiferente. Puesto que todas las religiones han enseñado y enseñan que el mundo, la naturaleza, el universo ha sido creado por Dios antes de la creación del hombre y, por lo tanto, el hombre ha encontrado el mundo ya listo y acabado, catalogado y definido de una vez por siempre; esta creencia se ha convertido en un dato férreo del sentido común y vive con la misma solidez aunque el sentimiento religioso se haya apagado o adormecido".[55]

Traduzcamos esta tesis en términos políticos. El sentido común tradicional refleja la mitología religiosa; las preguntas que plantea no son disociables de la vieja civilización que tiene sus raíces en la mitología. La primera es la de la existencia de Dios y poco importa que al respecto se alternen respuestas positivas o negativas. Si la nueva civilización está ligada a la concepción inmanente de la vida, sólo podrá realizarse a condición de que *el problema religioso, en el sentido tradicional, haya desaparecido como problema.* Pero el revolucionario que se mueva en el horizonte del sentido común tradicional no podrá evitar que la pregunta surja y, al mismo

---

[53] *CC*, 4, 25-26.

[54] Expuesto en la carta a Tania del 19 de marzo de 1927, en *Lettere dal carcere*. Tornio, Einaudi, 1968, pp. 58-59.

[55] *CC*, 4, 273.

tiempo, se encontrará en la necesidad de impedir que sea propuesta públicamente. Por eso, la revolución se detendrá en el momento de la coerción. Por consiguiente, la dictadura no será transitoria sino definitiva. Las críticas, ya corrientes en la época de Gramsci, sobre el comunismo soviético como continuador del "despotismo oriental" encontrarán una justificación. El comunismo conducirá no a la conciencia colectiva sino al dominio de la "clase burocrática". A través de la sustitución de una dictadura por otra, la revolución recaerá en la vieja historia. Sólo se evitarán estos peligros a través de la creación de un "nuevo sentido común", que será la consecuencia no ya de la interpretación objetivista-mitológica, sino de la historicista de lo real.

Estamos muy lejos no sólo de las tesis filosóficas de Bujarin, sino también de las de Lenin, al punto que Riechers pudo trazar un útil paralelo entre el pensamiento de Gramsci y el de Bogdan, el adversario que Lenin tiene en la mira en *Materialismo y empiriocriticismo*.[56] Si vemos en Gramsci al teórico del eurocomunismo, debemos reconocer que la diferencia con el comunismo de tipo soviético es muy profunda. Lo que hoy está ocurriendo es la clarificación de la diferencia imposible de colmar que existe entre el gramscismo y el marxismo-leninismo, al menos según la interpretación soviética. ¿Qué pensar, entonces, de la pretensión de Gramsci de reducir a una definición conceptual rigurosa el principio teórico-práctico de la hegemonía, en la cual habría que buscar el aporte teórico mayor de Lenin a la filosofía de la praxis,[57] aunque en Lenin falte no sólo el término sino un concepto que pueda hacer pensar en otra cosa que en una hegemonía entendida en el sentido de dirección política? La verdad es que Gramsci busca al Lenin filósofo, antes que en los escritos doctrinales, en la acción política; piensa que tiene derecho a hacerlo porque, si la filosofía es historia, "es claro que trabajando prácticamente en hacer historia, también se hace filosofía 'implícita', que será 'explícita' en cuanto los filósofos la elaboren coherentemente".[58] El historicismo sirve de mediación para definir una filosofía que Lenin vivía, sin pensarla explícitamente, que es consecuencia de la adscripción de Lenin a una forma diferente de pensamiento. El Gramsci de los *Cuadernos* que identifica en Lenin al teórico de la hegemonía es todavía el Gramsci que escribía en 1917 el artículo sobre "La rivoluzione contro il Capitale". En suma, Lenin es el punto de llegada de la interpretación humanista y voluntarista del marxismo, que el historicismo lleva a su plena coherencia. Esta exposición demasiado larga, pero reducida a los pasajes esenciales, permite llegar a una conclusión decisiva. Según casi todos los intérpretes, se debería hablar de las inclinaciones democráticas del pensamiento de Gramsci, que resultaron obstaculizadas por su convicción de la absoluta verdad de su posición filosófica y por la aspiración, de lejana ascendencia católica, al bloque monolítico. Esa certeza y esa aspiración lo habrían conducido a hacer coincidir la revolución político-social con la revolución filosófica, y de ahí derivaría el elemento totalitario, aún cuando

---

[56] *Antonio Gramsci...*, *op. cit.* p 54 y sgs.

[57] *CC*, 4, 146.

[58] *Ibid.*, 165.

el acento caiga con tanta frecuencia sobre el momento liberal del consenso. Una vez establecido este acuerdo inicial, es natural que algunos hayan insistido en el carácter democrático, hasta eliminar casi completamente el aspecto totalitario, mientras otros, hay que reconocerlo, con mejores cartas en la mano, han hecho lo contrario, y finalmente otros han hablado de las "antinomias de Gramsci" entre las exigencias de la libertad y el momento totalitario del "Príncipe moderno".[59] La tesis que creo haber demostrado es completamente contraria al elemento común a estas líneas interpretativas. Es justamente la convicción que Gramsci tiene de estar en la verdad absoluta –aunque se trate de una verdad "histórica" y en teoría, sobrepasable, después de cambios históricos que requerirán siglos– lo que le permite configurar un proceso que va de la coerción al consenso y pensar en un bloque histórico de alianzas, en las cuales los aliados no son reducidos a puros instrumentos. De este modo pierden significación tantos discursos sobre el "más allá de Gramsci", todos fundados en la necesidad de buscar una conciliación, –todavía no alcanzada en sus escritos– entre revolución y democracia. Si a esta conciliación se le da el sentido del proyecto de una revolución que se detenga en el momento dictatorial y no de lugar a formas de dominación, enmascaradas como sea, de grupos particulares, es necesario decir que en el texto *literal* de Gramsci encontramos el máximo al cual esta investigación puede llegar. Ha puesto los términos con tanta claridad que no deja lugar a alternativas: o reconocer que él es el camino real –en el sentido de que marca el punto último al cual el hegelianismo, alcanzado por vía autónoma después de la reelaboración italiana del hegelianismo y del marxismo, puede llegar– de tal modo que inhibe toda combinación ecléctica con otros comentarios, por ejemplo, Althusser, o que ha concluido en un fracaso insuperable.

La contradicción ideal

Todo lo que hemos dicho hasta acá, nos lleva a reconocer que las tesis gramscianas están de tal modo encadenadas que la discusión sobre su valor se reduce a un único punto: *la pensabilidad de su filosofía como verdad*. O sea que es imposible separar el juicio sobre su política del juicio sobre su filosofía, porque para él la política es "filosofía en acción", no en el sentido de una política que se configure siguiendo una filosofía o se subordine a la guía de ella, sino en el sentido de que la política es la forma en la cual la filosofía se expresa. La unidad de la teoría y de la praxis es la liquidación de la "teoría", porque el pensamiento es idéntico a la praxis; se puede decir que para Gramsci el "partido" sustituye lo que para la filosofía tradicional (la "filosofía especulativa") era el "sistema". Según su opinión, este es el sentido del historicismo y del inmanentismo. Naturalmente, las dos cosas están conectadas, pero ¿se quiere un pasaje que exprese adecuadamente el carácter y la inseparabilidad de esa conexión? Tomemos las *Notas sobre Maquiavelo*: "Por eso una

---

[59] Así, Rodolfo Mondolfo "Le antinomie di Gramsci", en *Critica sociale*, 1963, ensayo reeditado en el volumen *Umanesimo di Marx*. Torino, Einaudi, 1968, pp. 389-409.

reforma intelectual y moral no puede dejar de estar ligada a un programa de reforma económica, incluso el programa de reforma económica es precisamente el modo concreto en que se presenta toda reforma intelectual y moral".[60] Dirijamos nuestra atención a la segunda parte de la cita: veremos que el socialismo es la concreción de la reforma intelectual y moral, porque media el paso del individuo-particular al individuo-colectivo. Es un pensamiento que subyace tanto a los artículos de *El Orden Nuevo* como a los *Cuadernos*. Y siempre vuelve la inspiración gentiliana.

En efecto, ¿qué es el yo trascendental de Gentile? No tiene en absoluto, como para ciertos idealistas de inspiración kantiano-platonizante, los rasgos de una suerte de "conciencia normal", a la cual las conciencias individuales deben adecuarse; *sólo existe en su realización*, en la negación de lo dado (en el trabajo) y de las individualidades empíricas. De acuerdo con esta tesis, para Gramsci el yo colectivo sustituye, en la concepción inmanentista, lo que era Dios en la concepción trascendente; la reforma económica está ordenada a la formación de ese yo colectivo. Estas consideraciones permiten clarificar el famoso problema del consenso, no sólo en lo que concierne a su *objeto* sino también a su naturaleza. El objeto es una concepción del mundo (el modo de pensar y de vivir histórico-inmanentista, liberado de toda sombra de trascendencia religiosa); el consenso debe ser racional, es decir libre y necesario al mismo tiempo, donde la necesidad es una consecuencia de su racionalidad. (Como ya hemos dicho, Gramsci insiste con frecuencia sobre la identidad de libertad y necesidad, como punto central de la filosofía alemana clásica; esa identidad debe reflejarse también en la forma que el consenso debe asumir). Pero ¿esa filosofía tiene realmente la posibilidad de conducir a un consenso racional, o, en cambio, sólo puede ser acogida como ideología, como instrumento apto para conseguir ciertos fines prácticos? ¿En el sentido de que la perspectiva de un cierto resultado histórico próximo, que puede parecer deseable por razones de distinta naturaleza, inhibe la reflexión sobre negaciones que su aceptación implica, reemplazando, en último análisis, la verdad con la intención práctica? El término filosofía está ligado al de *verdad*, el término de ideología, al de *poder*. De esto resulta que, cuando la ideología pretende resolver en sí la filosofía (es una de las definiciones del totalitarismo), enfrentamos la peor situación; entonces, realmente, el poder, al absolutizándose, revela el rostro "demoníaco" del cual tantas veces se ha hablado. La pedagogía de la secularización, más que como vía de liberación, se manifestaría como proceso de destrucción de la razón, en el sentido más literal del término: el totalitarismo blando,[61] infinitamente más grave en sus resultados

---

[60] *CC*, 5, 17.

[61] La expresión "totalitarismo blando" fue usada por un investigador estadounidense, Dante Germino, en su ponencia "Antonio Gramsci e il totalitarismo dell'egemonia", presentada en el congreso internacional sobre el "totalitarismo" que se desarrolló en Roma a fines del mes de junio de 1975, organizado por el Institut international de philosophie politique; se la puede leer en *Rassegna del Istituto Accademico di Roma*, novembre-dicembre 1976. Al servirse del adjetivo "blando", Germino quiso subrayar la permanencia del carácter totalitario, también en la variante gramsciana.

que el totalitarismo duro. El problema del totalitarismo gramsciano, o de la valoración de su intento de superación del mismo, está todo ahí.

Naturalmente, Gramsci, como todos los revolucionarios, está convencido, con la más completa buena fe, de la absoluta verdad de su filosofía. De una verdad tal que debe imponerse necesariamente, una vez removidos los obstáculos que pueden provenir o de los intereses burgueses o de los prejuicios a los que están expuestas las clases subalternas. Pero hay que preguntarse si es realmente así.

En primer lugar hay que observar –y es una observación cuya importancia se verá más adelante– que el rechazo del determinismo implica que la filosofía no esté condicionada por la pertenencia a una clase, por el ser social. Pienso que es difícil encontrar un texto en el cual ese rechazo sea afirmado expresamente, tal es la convicción que Gramsci tiene de que una tesis como esa sólo puede pertenecer al marxismo "de los subalternos", y además está convencido de que no es necesario sobrepasar la medida acentuando la diferencia con el marxismo escolástico, desde el momento que este ha sido ungido por el oficialismo (tenía ya tantos motivos de fricción con la dirección oficial y debía convencerse a sí mismo que su pensamiento cabía en la ortodoxia marxista, aunque entendida en el sentido no literal que hemos mencionado). De todos modos es cierto que hace intervenir la consideración de clase en la crítica de una mistificación de la verdad del inmanentismo que el burgués no necesariamente, pero sí generalmente, cumple; el ejemplo buscado se da en un gran intelectual, Benedetto Croce.

Esta autonomía con respecto al condicionamiento social es la que explica la adhesión de Gramsci a la teoría crociana del origen práctico del error, remitida a la teoría marxiana de la superestructura (pero en realidad es la teoría marxiana de la superestructura la que es interpretada a la luz de la teoría crociana del error) y vuelta contra Croce para explicar su falta de coherencia. "[...] lo importante en esta serie: egoísmo (error inmediato) - ideología - filosofía es el término común "error" ligado a los diversos grados de pasión y que habrá que entender no en el significado moralista o doctrinario sino en el puramente 'histórico' y dialéctico de 'lo que es históricamente caduco y digno de desaparecer', en el sentido de la 'no definitividad' de toda filosofía de la 'muerte-vida', 'ser-no ser', o sea del término dialéctico a superar en el desarrollo".[62] Entonces, el error debe explicarse reconduciéndolo a sus orígenes prácticos; consiste en el desconocimiento de la historicidad, en la atribución de carácter eterno a lo que es históricamente caduco y digno de caer (resurge aquí el tema gnóstico de la mortalidad intrínseca a lo finito que Engels recuerda en el comienzo de su opúsculo sobre Feuerbach, como presupuesto que el pensamiento dialéctico llevaría hasta sus últimas consecuencias). El error toma forma en el platonismo de las verdades eternas y de los valores absolutos; el pensamiento progresista se distingue por su persistencia en continuar la crítica de ese platonismo hasta el último vestigio. De paso y para sumar a lo ya dicho: recordé antes la frase de Marcuse sobre la gigantesca falsedad de Occidente, consistente en haber cam-

---

[62] *CC*, 5, 25.

biado los hechos en esencias, e identifiqué el horizonte general en que se movió la contestación. Para el gramscismo el gran error es el mismo; esto puede servir para explicar por qué su fortuna alcanzó su apogeo después del período de la contestación, y la relación que se establece entre contestación y programa gramsciano: parece que la primera se relaciona con el segundo como la fase extremista-infantil. De ese modo se repetiría en Gramsci, como para avalar la imagen leninista de Occidente, la posición leninista con respecto al extremismo maximalista.

Pero, ¿en base a qué títulos Gramsci puede fundamentar su convicción de la verdad de su reelaboración del marxismo? Es claro que, como consecuencia del rechazo del economicismo, hay que hablar de un marxismo que extrae de la idea de "herencia" la legitimación de su superioridad filosófica; esto es consecuencia de la sustitución del materialismo por el historicismo. Y, de hecho, está constantemente presente en su mente la frase engelsiana sobre el "proletariado alemán heredero de la filosofía clásica alemana"; pero veamos cómo la comenta. La proposición engelsiana aparece constantemente puesta junto con la última tesis de Feuerbach ("los filósofos sólo han interpretado el mundo de distintas maneras, pero se trata de transformarlo"), de tal modo que su significado calza completamente en el de la tesis marxiana, interpretada en el sentido de que la filosofía debe transformarse en política para verificarse, mientras que al proletariado se le asigna la tarea histórica de realizar la filosofía. En la identificación de filosofía e historia, el acento va puesto en "filosofía", así como en la expresión "materialismo histórico", va puesto en "histórico": "La expresión de que el proletariado es el heredero de la filosofía clásica alemana: ¿cómo debe ser entendida –no quería indicar Marx la gestión histórica de su filosofía convertida en teoría de una clase que se convertiría en Estado? Para Ilich esto ha ocurrido realmente en un territorio determinado. En otro lugar mencioné la importancia filosófica del concepto y del hecho de la hegemonía, debido a Ilich. La hegemonía realizada significa la crítica real de una filosofía, su dialéctica real".[63] Comentemos: la filosofía de Marx teorizaba una clase y definía su función histórica; la obra de Ilich (es decir, Lenin) convirtió esa clase en Estado, pero la revolución se detuvo en un territorio determinado. Momento de una dialéctica filosófica, la obra histórica de Lenin tiene el significado de un progreso de la filosofía, que puede y debe ser hecho explícito arreglando las cuentas con la filosofía de Croce "que representa el momento mundial actual de la filosofía clásica alemana";[64] cumplida esta tarea, la revolución podrá recomenzar y convertirse en europea y mundial. "Éste es el único modo históricamente fecundo de determinar una recuperación adecuada de la filosofía de la praxis, de elevar esta concepción que, por las necesidades de la vida práctica inmediata, se ha venido, 'vulgarizando', hasta la altura que debe alcanzar para la solución de las tareas más complejas que el desarrollo actual de la lucha propone, o sea hasta

---

[63] *CC*, 3, 170.

[64] *CC*, 4, 134.

la creación de una nueva cultura integral, que tenga las características de masas de la Reforma protestante y del iluminismo francés y tenga las características de clasicismo de la cultura griega y del Renacimiento italiano, una cultura que retomando las palabras de Carducci sintetice a Maximiliano Robespierre y a Emmanuel Kant, la política y la filosofía en una unidad dialéctica intrínseca a un grupo social no sólo francés o alemán, sino europeo y mundial".[65]

Resulta claro de estos pasajes que el paso al punto de vista de la filosofía de la praxis tiene el sentido no ya de englobar la historia del pensamiento en la historia económica sino, al contrario, la historia en la historia de la filosofía. No en el sentido de que la historia es la transcripción de una dialéctica ideal, sino en el sentido de la unidad y de la reciprocidad de la estructura y de la superestructura en el bloque histórico: tesis que es inútil recordarlo, tiene la función de neutralizar todo vestigio de interpretación economicista del marxismo. Después de la crítica del materialismo y del economicismo, un marxismo centrado en el comentario de las *Tesis sobre Feuerbach* no puede dejar de encontrar la forma gentiliana del historicismo.

Retomemos ahora la frase sobre el pensamiento italiano "momento actual de la filosofía clásica alemana" y conectémosla con la pregunta: "¿Tendría Italia con respecto a la URSS la misma relación que la Alemania (y la Europa) de Kant-Hegel con la Francia de Robespierre-Napoleón?".[66] La analogía es fácil de desarrollar. Con Marx, el pensamiento alemán había hecho suya la verdad del pensamiento revolucionario francés y la de la economía inglesa. Hoy, el pensamiento revolucionario está representado por la URSS, el económico, por el americanismo-fordismo. Gramsci pudo sentirse a sí mismo como el Marx del siglo XIX y el Lenin de Occidente. El renacimiento del marxismo después de Croce permitiría poner de manifiesto lo que hay de más profundo en el pensamiento de Marx, disociándolo de los elementos que habían consentido las desviaciones naturalistas o positivistas. La reelaboración que Gramsci hizo del marxismo, la cual permitiría sacar a luz perfectamente el espíritu de éste, sería la más rigurosa, porque vendría después de la continuación italiana de la filosofía clásica alemana. Sería, entonces, el punto más alto alcanzado por el proceso histórico de la filosofía: ¿cómo se le podría negar un consenso, incluso después del examen más cuidadoso?

Mi tesis es, en cambio, que Gramsci abandonó de hecho el marxismo, tomando a la vez del historicismo italiano las características que hacían posible que fuera pensado como verdad. La demostración debe comenzar con la consideración de que todas sus críticas al pensamiento idealista italiano, sea en su forma crociana o gentiliana, se refieren a la relación entre religión y filosofía. El error común de Croce y de Gentile radica, para Gramsci, en haber acogido la idea de la religión como "filosofía para las multitudes", presentándola, el primero, como forma de pensamiento todavía contaminada por la imaginación y colocándola, el segundo, entre las formas absolutas del espíritu.

---

[65] *Ibid.*, 133-134.

[66] *Ibid.*, 115.

Por todo lo que hemos dicho, este rechazo de la conservación de la religión en la filosofía asume en el pensamiento gramsciano una importancia absolutamente central. Según su visión, la consideración de la religión como verdad en forma de representación, pronta a ser superada por la filosofía, conduce, empero, al distanciamiento del intelectual respecto de las masas y es el fundamento de la separación de las clases. Si recordamos una vez más lo que dijimos sobre el carácter de la filosofía italiana 1890-1940 –centralidad del problema religioso y descomposición de la religión, como consecuencia del rechazo de lo sobrenatural– debemos ver en la posición de Gramsci una reafirmación del aspecto vital y social de la religión, como afirmación real de la universalidad humana que, en tal perspectiva, y por paradójico que pueda parecer a primera vista, lo conduce a la exclusión más radical del problema de Dios y al rechazo de las "concesiones" hechas por Croce y Gentile. La "escisión completa" que caracteriza el pensamiento revolucionario toma forma, *en primer lugar*, en la negación absoluta de la religión trascendente, ya sea que sea presentada como verdad revelada, ya sea que sea entendida como forma de filosofía adecuada a la mentalidad popular. Es tarea del comunismo aportarle al pueblo el secularismo integral, que hasta ahora ha sido patrimonio de elites restringidas, realizando así, en forma moderna, la unidad espiritual entre los intelectuales y los simples que la Iglesia católica ya había sabido crear en el Medioevo.

La divergencia teórica con Croce y con Gentile consiste sólo en este punto, mientras las otras diferencias se refieren a él como sus consecuencias. Indudablemente la posición de Gramsci con relación al idealismo italiano, es la reproducción exacta de la de Marx respecto de Hegel. Hoy existe una noción muy difundida –pero como resultado de estudios posteriores del todo ajenos a la cultura italiana de entonces– que el pensamiento revolucionario está ligado en Marx, por un vínculo necesario, a la extensión máxima de los conceptos hegelianos de finitud y negatividad que, haciendo de la mortalidad un carácter esencial de la realidad finita, conducen a una ruptura completa con el pensamiento religioso, en cuanto este concibe al mundo como finito, porque es mundo creado, y refiere la negatividad a la caída inicial. Es innegable que, en este aspecto, Gramsci se encuentra con el punto decisivo de la filosofía de Marx. Pero, por otro lado, la referencia al pensamiento crociano y gentiliano conduce a una nueva comprensión del marxismo en la cultura idealista italiana que lo modifica del modo más profundo. De hecho estamos muy lejos del marxismo originario, para el cual el fin de la religión es el *resultado* del advenimiento de la sociedad sin clases. En el gramscismo, en cambio, ese fin es más bien la *condición* de la revolución; pero la destrucción de la religión no debería buscarse por las vías de una propaganda atea directa, sino por las de una pedagogía historicista; a través de la reflexión sobre la historia actual, el joven debería llegar a la convicción de que el catolicismo pertenece a un pasado irrevocablemente cumplido, porque no sería posible atenerse a él como una norma de vida. La cultura de inspiración gramsciana ha practicado en Italia esa pedagogía con los resultados que todos pueden ver.

Pero ahora consideremos lo siguiente: aún cuando en Croce y en Gentile hay un nexo entre el "compromiso con la religión" y el conservadorismo, no se puede reconducir la posición religiosa de ellos a una actitud espiritual conservadora, cuando, en realidad, *deriva de la posibilidad para el historicismo de ser pensado como verdad*. En efecto, ¿cuál puede ser el criterio de verdad para el historicismo, sino el de mantener en una forma más elevada o, como dicen sus defensores, purificada de mitología, la verdad de la tradición? Un pasaje del último Croce es ejemplar a este respecto: "Si se pide una breve y significativa respuesta a la pregunta sobre cuál es el problema de la filosofía, no se puede decir sino que es el mismo que el de las religiones: el conocimiento del bien, de su lucha contra el mal y de la salvación, o, como se expresaban y se expresan las religiones, de la lucha de la luz contra las tinieblas, de Dios contra el diablo, del espíritu contra la carne, y de la redención del pecado. La diferencia no es parte esencial de este problema, porque una filosofía no puede nunca, sin entrar en contradicción consigo misma, negar a Dios o al espíritu o la inmortalidad; aunque su deber sea pensarlos con la pureza de conceptos que impide la sustitución y la contaminación del pensamiento con la imaginación [...]".[67]

Por lo demás, ¿cuándo comenzó el proceso por el cual el idealismo italiano se reconoció en el término "historicismo", adoptado por Croce, pero aceptado por Gentile? Ya en la segunda edición de la *Logica* de Croce, de 1909, se habla del estímulo decisivo que le vino de los escritos de Gentile de 1907 sobre el concepto de historia de la filosofía y el círculo formado por la filosofía y la historia de la filosofía. Ahora bien, la lección inaugural de 1907 sobre *Il concetto della storia della filosofia* es exactamente la confirmación, con respecto a tal concepto, del "Hegel rimesso sulla testa" en *La filosofia di Marx*. (La "reforma de la dialéctica hegeliana" de Gentile no es, por lo demás, otra cosa que la reforma necesaria para que Hegel pueda ser puesto de cabeza). Pero ¿dónde está, entonces, la superioridad de lo que entonces Gentile llamaba "idealismo" sino en la capacidad, que las otras filosofías no tienen, de dar lugar a una historia de la filosofía, superando (conservando y confirmando en una síntesis más elevada) los contenidos de verdad de las filosofías anteriores?[68] El verdadero humanismo, el *regnum hominis*, etc., que la edad moderna instaura, debe contener, entonces, tanto la verdad de la filosofía antigua como la del pensamiento cristiano. El *Sistema di Logica* es la obra de Gentile más notable porque contiene el cumplimiento pleno de esa tarea.

Con respecto al pensamiento italiano, la posición de Gramsci es, entonces, una versión revolucionaria del historicismo que, por un lado, lo conduce a las consecuencias extremas, pero, por el otro, le quita la posibilidad (y poco importa si se

---

[67] Benedetto, Croce, *Filosofia e Storiografia*. Bari, Laterza, 1932, p. 66.

[68] Gentile, en la citada lección inaugural sobre *Il concetto della storia della filosofia*, dice: "No creo que se haya observado nunca que, dado el concepto antiguo (platónico-aristotélico) de la ciencia en general, como fue consagrado en la lógica de Aristóteles, la tesis de una historia de la filosofía es absurda. Y no hay dudas de que el retraso de esta disciplina en la historia de la cultura europea debe explicarse por la larguísima persistencia de la antigua intuición en torno a la naturaleza de la ciencia, que se oponía al concepto de una historia de la misma" (en *La riforma della dialettica hegeliana*, 1913, reeditado en *Opere*, XXVIII, p. 112). Un análisis cuidadoso, que aquí no es posible, mostraría que para Gentile la certeza de la verdad de su filosofía depende en primer lugar de esa posibilidad de verificación histórica.

trataba de un hilo tenue) de ser pensado como verdad, de modo que lo reduce a ideología. Consideremos su polémica anticrociana. Croce había distinguido entre la filosofía como conocimiento y la ideología como instrumento de la acción política; Gramsci apunta a unificarlas. No hay dudas de que para él la unificación debía significar una ventaja para la filosofía. Gramsci criticaba el pensamiento crociano porque le parecía expuesto a una decadencia ideológica, en el mal sentido del término; al distinguir la filosofía de la ideología no defendía la filosofía, sino, más bien, la reducía a instrumento práctico de la moderación burguesa; pero Croce llegó al resultado opuesto al que se proponía, a la completa disolución de la filosofía en la ideología, y su influencia se ejerció en el sentido de la difusión de la forma ideológica de pensamiento.[69]

Pero, con esta observación, no hacemos otra cosa que conducir a Gramsci ante Croce, aunque reconociendo, al mismo tiempo, la validez de la crítica gramsciana. El estudio de las críticas recíprocas tiene importancia para echar luz sobre el carácter irremediable de la contradicción del historicismo. Durante más de un cuarto de siglo se condujo a Croce ante Gramsci, de tal modo que las críticas gramscianas han pasado a forma parte de las nociones escolares: ¿no ha llegado el momento de efectuar la operación inversa; conducir a Gramsci ante Croce? El procedimiento es fácil: se trata de dirigir la atención a pasajes crocianos bien conocidos, en su momento discutidos por Gramsci. Pertenecen a un escrito de 1910, es decir a la época en que Croce concluía la *Filosofia dello Spirito* y teorizaba, al mismo tiempo, el fin del socialismo; en el momento en que consumaba su sistema, se daba cuenta de que también había eliminado la tentación que había sido la ocasión del comienzo de su obra filosófica. A propósito de la transformación que el pensamiento de Hegel había sufrido por obra de Marx, Croce, comentando justamente las *Tesis sobre Feuerbach*, escribía que "Marx no trastrocaba solo la filosofía hegeliana sino, más bien, la filosofía en general, toda clase de filosofía; y suplantaba el filosofar con la actividad práctica". De manera coherente atribuía a la famosa frase de Engels el sentido de "heredero que no continuaría ya la obra de su predecesor, sino que emprendería otra, de naturaleza diferente y contraria". Y Croce continuaba destacando: "De ahí deriva la costumbre constante en Marx y en Engels de mirar en los filósofos justamente lo que no es filosófico, las tendencias prácticas y los efectos sociales y de clase que aquellos representan. De ahí viene que en el materialismo del siglo XVIII percibían la vida francesa de entonces, enteramente orientada hacia el presente inmediato, a la comodidad y a lo útil; en Hegel, el Estado prusiano, en Feuerbach, los ideales de la vida moderna a los cuales la sociedad alemana todavía

---

[69] Se podría plantear aquí la cuestión de saber si el gramscismo no sirvió para abrir la puerta a formas culturales para las cuales no pudo tener ninguna simpatía, pero que, al mismo tiempo, no se encontraba en condiciones de combatir. ¿Qué habría pensado Gramsci del freudo-marxismo o de la nueva tendencia sociológica o del estructuralismo? Creo que sin duda los habría clasificado como tentativas de reabsorber el marxismo en la cultura burguesa. Pero respecto de esas nuevas tentativas, ¿su filosofía tiene una verdadera posibilidad de resistencia?

no había accedido: en Stirner, el alma de los comerciantes, en Schopenhauer, la de los pequeños burgueses, y así sucesivamente".[70]

Ya Croce le reprocha al marxismo haber sustituido la filosofía con la ideología, perdiendo el derecho a la herencia de la filosofía. Pero, por singular que pueda parecer, la completa anulación de la filosofía en la ideología, si bien está virtualmente implícita en el pensamiento marxiano originario, se vuelve completamente explícita sólo en su reafirmación por Gramsci, después de la crítica que éste formula, –y que era un desarrollo del pensamiento crociano– en su aspecto de "filosofía mundana", hasta sus consecuencias extremas; de tal modo que también se aclara la imposibilidad de que la crítica del marxismo esté contenida dentro de una reforma de la dialéctica hegeliana, como pretendía Croce. El pensamiento de Gramsci toma su lugar en la historia de la filosofía como crisis definitiva del pensamiento italiano de derivación hegeliana. El programa crociano de "restauración de lo divino"[71] no puede estar contenido en los confines de una "reforma de la dialéctica hegeliana". En este punto se manifiesta plenamente el sentido del "error de la cultura" que es el fundamento del paralelismo perfecto filosófico-político que caracteriza la historia contemporánea italiana, por la perfecta correspondencia entre las contradicciones ideales y las contradicciones políticas, y tiene su manifestación más evidente en la situación actual. Resumamos en una breve fórmula la lección filosófica que puede ser extraída de esta crisis ideal. Hay un punto que comparten Croce, Gentile y Gramsci: la convicción de que el inmanentismo es un resultado del pensamiento moderno y que no puede ser discutido, de tal modo que sólo se trata de pensarlo y de vivirlo a fondo. Cada uno de ellos intentó hacerlo: el carácter insuperable y la validez equivalente de las críticas que cada uno dirigió al otro demuestran que la crítica debe aplicarse ahora a la premisa inicial y a sus implicancias. Y la crisis filosófica tiene una exacta correspondencia práctica, porque la raíz primera del desorden presente está en el hecho de que un pensamiento digno de la mayor atención como expresión de una crisis insuperable, ha sido asumido como principio de una revolución intelectual y moral, con la consecuencia de que los resultados no pueden ser sino la exacta inversión de las intenciones originarias, como trataré de demostrar en el siguiente parágrafo.

Pero conduzcamos ahora a Gramsci ante Marx. La preeminencia del carácter cultural lo lleva a la sustitución de la lucha de clases con la que se da entre dos concepciones de la vida, la concepción trascendente y la concepción inmanente,

---

[70] *Conversazioni critiche*, serie prima, p. 300. Gramsci discute este pasaje en *Ibid.*, 4, 164.

[71] Téngase siempre presente este pasaje suyo tan expresivo como para ser adoptado como insignia del último período de su filosofía: "El historicismo absoluto no niega lo divino porque niega únicamente la trascendencia de lo divino y la metafísica que le corresponde; diversamente del positivismo, el empirismo y el pragmatismo que, para liberarse de la trascendencia y de la metafísica suprime el filosofar mismo. [...] ¿Qué, no digamos identidad, sino afinidad puede haber entre los dos? ¿No se siente el historicismo más cercano a las religiones y a la vieja metafísica, combatida por él y superada, la cual, a su manera, acogía y pensaba lo divino, que al árido positivismo, empirismo y pragmatismo?" (*Il carattere della filosofia moderna*. Bari, Laterza, 1941, pp. 195-196). Pero ¿qué desarrollo ulterior debería tener la filosofía de Croce, después que resultó claro que la sistematización que había propuesto no puede resistir a los adversarios que ha enumerado?

o al menos a la subordinación de la primera a la segunda. Pero ¿a qué otra cosa corresponde esta substitución sino al redescubrimiento de la disposición espiritual iluminista, como la de la "modernidad" contra la tradición? En efecto, es singular la insistencia de Gramsci en la idea de "modernidad", verdadera categoría esencial de su pensamiento, pero si uno mira detalladamente, es una categoría a la cual él debe llegar por vía negativa después de la desestimación del economicismo marxista; al mismo tiempo que debe separarla tanto del conservadorismo al cual estaba unida en Croce como del carácter cristiano que tenía en Gentile. No se trata de una simple cuestión terminológica. En realidad *la reelaboración italiana del marxismo a través de la versión revolucionaria del historicismo se resuelve en una resignificación iluminista.* Así se explica la extraña situación del pensamiento de Gramsci por el cual los opuestos coexisten sin conciliarse; en la no superabilidad de la antinomia ideal está la raíz de la no superabilidad de la antinomia práctica. En efecto, en Gramsci coexisten paradójicamente el máximo de la tensión revolucionaria y el máximo de la moderación. Dirijamos nuevamente la atención hacia el célebre pasaje atinente al concepto de "ortodoxia", sin cansarnos de reflexionar sobre él, dado que es la clave de sus meditaciones de los años de la cárcel: "El cristianismo fue revolucionario en comparación con el paganismo, porque fue un elemento de escisión completa entre los defensores del viejo y el nuevo mundo. Una teoría es revolucionaria en cuanto es precisamente elemento de separación completa en dos campos, en cuanto es vértice inaccesible para los adversarios. Considerar que el materialismo histórico no es una estructura de pensamiento completamente autónoma e independiente, antagónica a todas las filosofías y las religiones tradicionales significa en realidad no haber cortado los lazos con el viejo mundo, si no es que significa además haber capitulado".[72] Que autosuficiencia filosófica del marxismo signifique pensamiento revolucionario llevado a la coherencia extrema, no hay dudas. Pero, por otro lado, no hay escritor marxista que restrinja como él la polémica antiburguesa; se trata de una posición obligada, dado que el concepto de modernidad incluye tanto el mundo burgués como el mundo comunista. A partir de lo que hemos dicho antes, resulta que el aspecto de continuidad con la modernidad burguesa (que en el plano práctico fundamenta la mayor apertura a las alianzas) es consecuencia del necesario proceso por el cual su pensamiento llega al encuentro con el iluminismo y a la resignificación iluminista del marxismo. La necesidad y la no superabilidad de la antinomia es el argumento principal para tronchar cualquier interpretación en sentido socialdemocrático. En efecto, son completamente diferentes, desde *el punto de vista moral*, la burguesía con que se encuentran los socialdemócratas y la burguesía con que se encuentra Gramsci, después *del total rechazo de la socialdemocracia clásica.* Se trata, en el primer caso, de una burguesía todavía, en sentido amplio, iusnaturalista.[73] En Gramsci se

---

[72] *CC*, 4, 291.

[73] En este punto debería introducirse la comparación entre la interpretación de la filosofía de la praxis propia de Gramsci y la desarrollada por Rodolfo Mondolfo; no por casualidad Mondolfo fue el teórico del socialismo de Filippo Turati, al cual atribuía el mérito de haber llevado a su máximo rigor la crítica de "la violencia teorizada como método de la acción socialista y como creadora de la sociedad socialista" ("Introducción"

trata de la alianza, –aunque pensada como provisoria, en realidad duradera– con la burguesía nueva y "progresista", que se siente desvinculada –precisamente a través de una aceptación *sui generis* de la demistificación revolucionaria– de todo prejuicio de la moral tradicional. Las simpatías que sus representantes le manifiestan no son inmotivadas. Precisamente de la supresión del antagonismo con las filosofías tradicionales depende el rechazo del "totalismo" de lo revolucionario que es común a Lukács y a Gramsci y es el fundamento de la teoría del "intelectual orgánico": por consiguiente, de esta supresión depende el "reformismo", en el sentido preciso del término, es decir el rasgo que permite reconocer lo socialdemocrático; el encuentro gramsciano con la burguesía es consecuencia del fracaso de la posición revolucionaria llevada hasta su coherencia extrema.

Pero volvamos al tema del totalitarismo. La disolución de la filosofía en la ideología equivale, en su expresión práctica, a la disolución del consentimiento en la fuerza, no en la fuerza material, sino en la psicológica y social. Desde este aspecto, hay que decir que el sincero esfuerzo de Gramsci por definir el carácter transitorio del momento totalitario de la revolución se resolvió en una transposición del totalitarismo de lo "físico" a lo "moral". La unidad del bloque social se lograría a través de la prevalencia de la coerción sobre el consenso, obtenido a través de una discriminación de las preguntas, prohibiendo las que los intérpretes de la ideología, o sea los intelectuales orgánicos, definen como "reaccionarias". O, mejor, a través de la creación –a la cual se provee a través del dominio de la cultura y la escuela– de un nuevo "sentido común", en el cual no reaparezcan más las preguntas metafísicas tradicionales. Es a propósito de Gramsci como podemos comprender en toda su profundidad la aparentemente simplísima fórmula mediante la cual Eric Voegelin define al totalitarismo: "la prohibición de hacer preguntas" (y, en efecto, la forma de pensamiento "ideológico" pide que no se planteen preguntas sobre su "verdad"). En esta definición está expresada su *novedad*: porque el conformismo del pasado era un conformismo de las *respuestas*, mientras que el nuevo resulta de una discriminación de las preguntas, mediante la cual las preguntas indiscretas son paralizadas como expresión de "tradicionalismo", de "espíritu conservador", "reaccionario", "antimoderno" o, tal vez, cuando el exceso de mal gusto llega al límite, de "fascista"; se puede llegar a la situación en que el sujeto mismo se abstiene de formularlas por considerarlas "inmorales". Hasta que esas preguntas dejan de surgir por el progreso de la costumbre, o por obra de la enseñanza. Respecto de las preguntas racionales no ocurre lo mismo que con los instintos, que reprimidos,

---

a Filippo Turati. *Le vie maestre del socialismo*. Bologna, Capelli, 1921, p. 35), y eso justamente mientras era más dura la polémica antituratiana de *L'Ordine Nuovo*. La intención de Mondolfo es la justificación del socialismo a partir de la ética profesada por el liberalismo, premisa de su investigación es la continuidad, según del derecho natural, del liberalismo y del socialismo, lo que explica la extraña referencia a Locke como padre del socialismo moderno. En suma "humanismo" quiere decir, para Mondolfo, naturaleza humana, para Gramsci, historicismo. El carácter irreconciliable es completo, y hablar de "antinomia" como lo hace ésta autor puede inducir al error. Al contrario, su tesis es útil para demostrar la absoluta discrepancia del comunismo gramsciano con la socialdemocracia.

reaparecen; aquellas, en cambio, pueden desaparecer del todo. El disenso se convierte en imposible, no por la vía de la coacción física, sino por la vía pedagógica. En su transposición a lo "moral" el totalitarismo alcanza su forma más pura.

La contradicción práctica y la inversión de las intenciones

La realidad moral italiana, en el aspecto que ha asumido en el último cuarto de siglo, con un *crescendo* continuo, particularmente acelerado desde el '68 en más, es la verificación puntal de la contradicción mencionada.

Consideremos. La reforma intelectual y moral gramsciana en gran parte ya se ha realizado en el plano de la "dirección"; determinando, mediante el paso al "dominio", condiciones tales que en el régimen de "compromiso" el comunismo italiano no podría renunciar a la hegemonía, aún cuando lo quisiese. No repitamos otra vez lo que todos saben: sólo tienen amplia circulación en Italia los productos intelectuales que son conformes a la mencionada reforma y le hacen el juego, ya sea como signos de una crisis que sólo el advenimiento del comunismo puede solucionar, ya sea como aliados en el socavar y el erosionar posiciones de pensamiento y de vida que hasta hace pocos años parecían apoyarse sobre fundamentos inconmovibles; y la penetración, siguiendo exactamente el programa gramsciano, ha llegado hasta la escuela primaria, de tal modo que recientemente se ha podido documentar, con pruebas irrefutables, su transformación en escuela del *plagio*.[74] También en este caso se trata de un hecho en el cual se manifiesta un completo trastrocamiento con respecto a las intenciones. Un trastrocamiento acerca del cual aquí nos interesa ilustrar la relación de necesaria dependencia lógica con respecto a las dos tesis presentadas antes: que la resignificación italiana del marxismo a través de la versión revolucionaria del historicismo se resuelve en una resignificación iluminista; y que el historicismo, al hacerse revolucionario, disuelve la filosofía en la ideología. Se quiere mostrar aquí que todas las críticas de las cuales el gramscismo es pasible, pueden ser derivadas de estas dos tesis fundamentales.

Comenzaré, entonces, con las críticas hechas por un autor muy alejado de mis ideas, el marxista Riechers. Este observa que, en Gramsci, el marxismo asume un contenido completamente nuevo y se convierte en una teoría de la "reforma intelectual y moral" que, "en cuanto a los contenidos, no va más allá de una síntesis de emancipación paleoburguesa de la religión en el plano ideológico, y del feudalismo y del absolutismo en el plano político-económico, tomando de los partidos radicaldemocráticos burgueses el punto programático de la 'laicización de toda la vida'".[75] Podemos traducir estas tesis en términos diferentes pero equivalentes. Que, en la realidad efectiva, el comunismo gramsciano ejecuta las intenciones de

---

[74] Cfr. Lucio Lami. *La scuola del plagio*. Roma, Armando, 1976. Sobre el tema de las polémicas sobre la escuela italiana y las premisas de esas polémicas, ver sobre todo el excelente libro de Quirino Principe. *Manuale de idee per la scuola*. Milano, Rusconi, 1977.

[75] Christian Riechers. *Antonio Gramsci. Marxismus in Italien*. Frankfurt a. M., Europaische Verlagsanstalt, 1970, pp. 133 y 222.

la burguesía. Que tiene la función histórica de cubrir la transición de un estadio al otro de la burguesía, caracterizado por un dominio más opresivo. Que el comunismo gramsciano disuelve la revolución en la modernización, pero que esta modernización debe entenderse como disociación completa entre espíritu burgués y cristianismo. Las filosofías de Croce y de Gentile pertenecen todavía al mundo cristiano-burgués; la crítica gramsciana las fustiga sólo en cuanto "filosofías cristianas". El pensamiento de Gramsci representaría, entonces, el fracaso de la revolución frente a la burguesía o la condición para la transición a un nuevo orden burgués. ¿Pero cómo pudo haber ocurrido esto si la intención gramsciana era, en cambio, la de llevar la teoría revolucionaria a la formulación más rigurosa, y si su filosofía puede ser definida globalmente como el comentario a las *Tesis sobre Feuerbach* centrado con el mayor rigor sobre tesis de la transformación revolucionaria?[76]

Escuchemos ante todo a su adversario Bordiga. Éste llamó muchas veces la atención sobre el error fundamental de Gramsci de haber sustituido la oposición capitalismo-proletario por la de fascismo-antifascismo, al haber creado el mito del fascismo como un mal en sí, elevándolo, como otros ya lo señalaron, a categoría metahistórica.[77] En su última entrevista, dijo que el antifascismo había dado "vida histórica al venenoso monstruo del gran bloque que comprende todas las gradaciones de la explotación capitalista y de sus beneficiarios, desde los grandes plutócratas hasta las filas ridículas de los semiburgueses, intelectuales y laicos".[78] Bordiga añade que Gramsci fue inducido a error por el "absurdo liberalismo revolucionario" de Gobetti, con el cual fue llevado a colaborar en razón del error táctico que lo disponía a estrechar lazos con cualquier adversario de Mussolini.

En efecto, una vez introducido el fascismo como adversario *primero y esencial*, se impone dar a continuación otros pasos: en primer lugar, distinguir entre una burguesía progresista (industrial) y una burguesía atrasada (agraria, terrateniente, parasitaria, rentista inmobiliaria, etc.), hacer de la segunda la sola responsable y la promotora del fascismo, y afirmar la necesidad de aliarse con la primera hasta el cumplimiento de la evolución democrático-burguesa de la nación italiana. Después se trata de transferir el juicio afirmativo de valor al "progreso", al "desarrollo", a la liberación de los "arcaísmos feudales", etc., y atribuir una función positiva al capitalismo, como fase que libera del "atraso". A esta altura, el éxito de Gramsci coincide con el éxito de sus adversarios, de los que ha designado más abiertamente como tales: economicismo, positivismo, cientismo; la vía nueva al socialismo se convierte en transición del viejo al nuevo capitalismo. El comunismo se convierte en el partido que evita la "ruptura revolucionaria"; capaz de hacer posible una "revolución sin revolución", según

---

[76] Si las *Tesis sobre Feurbach* fueron el texto de Marx sobre el cual se centró en particular la atención de los filósofos italianos, podemos decir que Gentile fue particularmente sensible a la importancia de la primera, Mondolfo, de la tercera, Gramsci de la undécima.

[77] Cfr. Tito Perlini. *Gramsci e il fascismo...*, *op. cit.*, p. 160.

[78] Cfr. "Una intervista ad Amadeo Bordiga", *Storia contemporanea*, settembre 1973, p. 582.

una de las fórmulas usadas por Gramsci para designar la "revolución pasiva" aunque separada, esta vez, de la idea de "revolución-restauración".

Esta crítica no se encuentra necesariamente ligada a posiciones de izquierda (incluso admitiendo que los términos de derecha y de izquierda continúen teniendo hoy un sentido preciso). La burguesía con la cual el comunismo gramsciano acuerda no es en absoluto aquella burguesía de la que hablaba Croce, como clase-no clase, "mediadora" entre los conflictos económicos mediante conceptos ético-políticos. La conciliación se opera justamente a costa de esa burguesía, que de hecho está desapareciendo; el anti-Croce de Gramsci se realiza en la concesión máxima al economicismo, mientras por otro lado pensaba que el marxismo sólo podía vencer al crocianismo si renunciaba al economicismo.

Lo que más importa es, empero, que se llega a las mismas conclusiones partiendo de un punto de vista religioso. Si se mira con cuidado, la cosa no es contradictoria, porque la intransigencia revolucionaria se define justamente como tentativa de salvar el momento religioso de la revolución. Personalmente pienso que esta crítica puede alcanzar su entero significado, sólo si se inserta en una visión religiosa; es decir, que exija ser repensada en una perspectiva que vea en el pensamiento de Gramsci el "suicidio de la revolución" (en el significado inmanente) o, al menos, un momento decisivo de este suicidio (el otro podría estar representado por Althusser), mientras que está condenada a quedar estéril, aunque sea justa, cuando es asociada a una recuperación, contra Gramsci, de la idea revolucionaria.

Es un hecho que la evolución gramsciana del comunismo coincide con la del capitalismo: la renuncia del comunismo a la mentalidad mesiánica coincide con renuncia de la burguesía al moralismo. De este modo se establecen las condiciones para la integración del comunismo en la sociedad democrático-burguesa, pero ¿para una integración de qué naturaleza?

Procediendo mediante indicaciones breves, me limitaré aquí a recordar la tesis de Max Horkheimer sobre la distinción entre las dos fases del desarrollo del mundo burgués. Durante la primera la familia se conserva en el interior del mundo burgués mismo, es decir, una institución no burguesa, fundada en la conservación de valores de origen diferente de los específicos de la burguesía. Esto ocurrió porque la familia tradicional era apta para producir un sujeto capaz de actividad responsable y autónoma, necesaria para la correcta gestión de la economía burguesa en su primera fase. Por eso, en esta sociedad permanecen, mediante la educación familiar, una serie de valores cristianos, a veces vividos de forma directamente feudal: honor, responsabilidad, honradez, etc. En la segunda fase del capitalismo, este tipo de sujeto se convierte directamente en un obstáculo para el despliegue de aquel y su supresión puede ser presentada sin vueltas como superación del capitalismo, cuando, en realidad, significa el paso a su fase más plena, la más inhumana y totalitaria. Podemos decir que el segundo estadio es aquel en el cual el espíritu burgués se manifiesta finalmente en su estado puro; en el cual realiza plenamente lo que ya había hecho para la naturaleza: abolir el misterio y la cualidad, para remplazarlos por los datos mensurables, cuantitativos. La ideología espontánea de la burguesía es el materialismo puro, el positivismo exclusivamente atento a los hechos en bruto, la negación de toda presencia de un sentido que trascienda el fenómeno inmediato. En el estadio neocapitalista la burguesía es tan dominante que ya no tiene necesidad de modificar en una cierta medida la propia ideología espontánea para hacer que también otros estratos sociales puedan integrarse en ella, aunque más no sea en forma subordinada; que no tiene necesidad, en suma, del compromiso con el cristianismo.

Ahora bien, la crítica gramsciana del compromiso cristiano-burgués afecta al cristianismo, pero no fustiga en absoluto a la burguesía; en su versión gramsciana el partido revolucionario le suministra al espíritu burgués la ocasión de realizarse en estado puro.

La transición gramsciana se encuentra así completamente absorbida en el paso de la vieja a la nueva forma de capitalismo. De ese modo, confluye en el conservadorismo actual caracterizado por la búsqueda de la eliminación de la posibilidad de que la mentalidad instrumentalista (la reducción de la razón a razón instrumental, medio de dominio sobre los hombres y la naturaleza) sea puesta en discusión. Conservadorismo que coincide con la apariencia del máximo de cambio porque la evolución incesante del instrumental técnico-científico lleva a una transformación igualmente incesante de los modos de sentir y de pensar.

Vuelvo así a la tesis propuesta antes, según la cual el pensamiento de Gramsci sería un texto esencial para entender los rasgos de la forma totalitaria que nos amenaza en un futuro próximo, y que está tan perfeccionada que no necesita de persecuciones físicas ni de campos de concentración. Esta posición privilegiada no le ha sido reconocida hasta ahora, tanto en razón de la actitud generalmente despreciativa que han asumido a su respecto los investigadores no comunistas, como en razón de la escasa atención que le han acordado hasta ahora los investigadores del fenómeno totalitario. Pienso, en cambio, que en los *Cuadernos de la cárcel* hay que distinguir entre el análisis fenomenológico de la idea de revolución y la interpretación positiva como programa de acción que da su autor. El rechazo de la segunda no implica ningún desprecio de la primera, que logra ser, por la coherencia intelectual con que se desarrolla, una demostración única e insuperable de los resultados en los que el pensamiento revolucionario debe concluir.

Partamos, en efecto, de una proposición que puede ser fácilmente aceptada, aunque, en esta ocasión, no sea posible tratarla con la atención que merecería: el fracaso de la esperanza revolucionaria no deja la historia como era antes, ni lleva a sustituir la revolución con las reformas, sino que la cambia en realidad totalitaria. Es decir que el pensamiento revolucionario quiere dar inicio a una nueva historia, respecto a la cual la historia precedente sería prehistoria. El totalitarismo es exactamente el fracaso del sueño revolucionario, la recaída en la vieja historia, pero profundamente cambiada, dado que ha sufrido la *pars destruens* de la idea revolucionaria. Ahora bien, si se le debe reconocer a Gramsci el mérito de haber profundizado la escisión revolucionaria hasta el último estadio, resulta de ahí que justamente su pensamiento nos permite entender cuáles pueden ser los lineamientos finales del totalitarismo cumplido.

Se ha visto que su historicismo llega a la autonegación como filosofía, y a reconocerse como ideología;[79] el racionalismo cede el lugar a la noción positivista de la razón instrumental. Pero ese poder de negatividad se detiene ante la ciencia. Desaparece la función crítica de la filosofía, es decir definir los límites de la ciencia. El cientismo es precisamente la concepción "totalitaria" de la ciencia, por la cual se presenta como el "único" conocimiento verdadero; según esa visión, todo otro tipo de conocimiento, expresa sólo "reacciones subjetivas", que la extensión de la ciencia al mundo humano con las disciplinas psicológicas y sociológicas, logra o logrará explicar. El cientista (o la sociedad que inspira su pensamiento) no puede dejar de ser totalitario en la medida en que su concepción de la ciencia como excluyente de cualquier otra forma de conocimiento, y con esto de ciertas dimensiones de la realidad, declaradas incognoscibles o inexistentes, no es susceptible de ninguna prueba. Pero el cientismo no puede ser, como lo es la ciencia, neutral con respecto a los valores. Para éste último es esencial la negación de los valores tradicionales, disueltos en las condiciones psicológicas y sociales que son la ocasión de su nacimiento; y la única moral que puede reconocer

---

[79] Sobre el carácter "ideológico" del pensamiento de Gramsci ha insistido particularmente el que hoy es el principal representante del marxismo de tipo cientista o, para decirlo mejor, el investigador que adhiere al marxismo en cuanto ve en él la forma más rigurosa del cientismo, sostenido en términos de contraposición de la conciencia "científica" con la conciencia ideológica, Althusser. Vale la pena citar aquí extensamente un pasaje suyo por el nexo que identifica, en el pensamiento de Gramsci, entre el carácter ideológico y la centralidad del problema religioso: "No se debe al azar el que Gramsci esté constantemente obsesionado por la teoría crociana de la religión, que acepte sus términos, y que la extienda de las religiones efectivas a la nueva concepción del mundo que es el marxismo, que en esta relación no haya ninguna diferencia entre esas religiones y el marxismo, que ordene religiones y marxismo bajo el mismo concepto de 'concepciones del mundo' o 'ideologías'; que identifique también cómodamente religión, ideología, filosofía y teoría marxista, sin destacar que lo que distingue al marxismo de esas 'concepciones del mundo' ideológicas es menos esta diferencia formal (importante) de poner fin a todo 'más allá' supraterrestre, que la *forma* distintiva de esta inmanencia absoluta (su 'terrenalidad'): *la forma de la cientificidad*". Louis Althusser–Étienne Balibar. *Para leer el Capital*. México, Siglo XXI, 1969, pp. 142-143. Si para Althusser el gran mérito de Gramsci es haber recordado el carácter revolucionario del marxismo, su límite está en no haber comprendido su significado materialista. En su opinión, el pensamiento gramsciano es válido en el momento de la transformación revolucionaria; su propia concepción, en cambio, parece ser la del marxismo ya realizado. La lectura de Althussser es muy útil para entender las características del "futuro del totalitarismo"; de un totalitarismo cumplido que no repite más la forma de los totalitarismos pasados e incompletos, de modo que por su inacabamiento podían prestarse a analogías con regímenes lejanos en la historia. Obsérvese que esta crítica ya fue dirigida a Althusser por diferentes marxistas: Lucien Goldmann, Henri Lefebvre, Jacques Rancière, Ernest Mandel, Michael Löwy. Para limitarnos al lukácsiano Goldmann, el antihumanismo de Althusser remite el marxismo al materialismo mecanicista del siglo XVIII de derivación espinosista; su marxismo es la simple eliminación del *plus* de Hegel con respecto a Spinoza; o sea es un espinosismo privado de los elementos que puedan preludiar a Hegel. Pero en esta involución del marxismo en el materialismo mecanicista, no se puede plantear el problema de la revolución. La exclusión del problema de la revolución hace que este se plantee, de hecho, desde el punto de vista de una sociedad comunista, ya realizada pero, como consecuencia de su cientismo, esta sociedad ya realizada es más parecida al ideal tecnocrático que al comunista. En efecto, como todo mecanicismo, el althusserismo da lugar a una elite de "educadores", de científicos que se elevan por encima de la "masa" y pretenden "guiarla". El *corte* epistemológico de Althusser entre ciencia e ideología se resuelve así en la separación de la elite y de la masa (exactamente lo inverso de lo que Gramsci se proponía). En suma, el marxismo entraría en el totalitarismo tecnocrático. Es exactamente, según pienso, aquello en lo que terminaría, por la inversión de las intenciones, la transición gramsciana.

es la del incremento de la vitalidad. Donde hay que observar la paradoja de que la vitalidad, de materia que debe ser sometida y transfigurada por los valores, es elevada ella misma a valor, o más bien, es convertida en la medida de todo otro valor. La transformación que se operó en Occidente, desde el 1960 en adelante, va en este sentido.

La izquierda que quiere avanzar "más allá de Gramsci" toma como enseña el "pluralismo"; y, efectivamente, el pluralismo puede ser el signo de la capitulación del gramscismo entendido en el sentido revolucionario; signo de un adiós a Gramsci que ya se anuncia. En la acepción neoburguesa no se le pide al sujeto que adhiera a algún valor, porque la razón instrumental no conoce valores, no reconoce un fin más allá del medio técnico; más bien, es el desarrollo del instrumento técnico-científica el que prescribe la adopción de la finalidad social que le corresponde. En la vida pública el sujeto sólo debe cumplir disciplinadamente su papel, en el funcionamiento objetivo del mecanismo social. En cuanto al ámbito privado toda concepción puede ser permitida, a condición de que no sea pensada como verdad que se imponga como ley, y de ahí como regla universal, sino, antes bien, sólo como instrumento vitalizador. El pluralismo puede ser admitido como una suerte de *divertissement* en el sentido pascaliano, pero este no contradice el carácter totalitario de esta sociedad. Este carácter es, más bien, llevado al extremo, en razón del nihilismo relativo a los valores; la noción de consenso pierde significado porque no hay valor en el cual consentir. Queda solamente el desarrollo personal, anónimo. En relación a esto, el pensamiento de Gramsci hoy parece convertirse en la ideología del consenso comunista en el orden tecnocrático capitalista. En el curso del desarrollo histórico del proletariado se desprende una vanguardia de técnicos de la política que tiende a afirmar su poder sobre el proletariado sustituyendo el partido con la clase. Contemporáneamente, de la burguesía se desprende un nuevo estamento de managers. Estos dos estamentos sociales terminan compenetrándose y pueden mantener su poder mediante esta alianza. Los comunistas en cuanto destructores de los valores de la vieja sociedad pueden presentar esta distinción como momento del proceso revolucionario hacia el socialismo: los managers pueden presentar su dominación como una necesidad técnica de la producción, único valor supérstite después de esa destrucción.

Tenemos una inversión exacta de la aspiración de Gramsci hacia la reconstrucción de una unidad ideal. Concedamos, sin embargo, que no podía prever esa evolución del espíritu burgués. ¿Hay todavía en su pensamiento algún elemento que haga pensar en un desarrollo que le confiera la capacidad de enfrentarlo? Hemos visto el vínculo que se da entre el mito antifascista y la alianza con la burguesía progresista. Podría parecer que este mito sólo corresponde a una maniobra táctica. Gramsci habría razonado de esta manera; no es posible que el comunismo tenga éxito en Italia sino después de una época de transición; en ese período se debe acordar con los otros partidos antifascistas adoptando la palabra de orden de la Constituyente.[80]

---

[80] Todos los testimonios convergen en la confirmación de que el mensaje que Gramsci trataba de hacer llegar de la cárcel a la dirección del Partido Comunista Italiano era el consejo de "adoptar la palabra de orden

Se vuelve, así, al sólito discurso de la guerra de posiciones. Que en la cárcel haya previsto lo que ocurriría en Italia en los decenios posteriores es indiscutible; resta preguntarse si no se había ilusionado con el desenlace final.

En realidad, el mito antifascista no es una simple maniobra táctica, es una estrecha consecuencia de la comprensión iluminista del marxismo a la cual Gramsci fue curiosamente conducido, como se vio, por el arreglo de cuentas con el idealismo italiano. El término, ya propuesto alguna vez, de "radical-marxismo" es perfectamente conveniente y manifiesta la densidad de su significado cuando se precisa que en esta conjunción el radicalismo rompe todo vínculo con el liberalismo (el jacobinismo del Gramsci de los *Cuadernos* debería ser estudiado justamente en esta perspectiva de encuentro y de transfiguración del radicalismo); y que el concepto de radical-marxismo representa, sin embargo, el último eslabón para medir el abismo que separa al gramscismo de la socialdemocracia, en cuanto esta representa, en cambio, la tentativa de hacer entrar el socialismo en la sociedad liberal.

Importa además situar estas consideraciones en la visión general por la cual fascismo y antifascismo serían momentos sucesivos y opuestos de una revolución ulterior al marxismo-leninismo. Entre el fascismo mussoliniano y la unidad gramsciana antifascista subsisten singulares simetrías. El término *fascio* (haz) evoca la idea de fuerzas políticas divergentes, tal vez opuestas con respecto a la finalidad última, que se asocian *contra* un adversario común. Para que del *fascio* (haz) se pase al fascismo es necesaria una realidad hegemónica que haga de ese "contra" una nueva fuerza política; esta realidad hegemónica en el fascismo estaba representada por el Duce, que pretendía identificarse con la nación; en la unidad antifascista está representada por el partido "Príncipe moderno" que pretende identificarse con la clase. La toma del poder es pensada por Gramsci en los términos de la inversión del bloque histórico dominante que debe llevar a una hegemonía del partido, que tiene a los intelectuales como "órganos" de su ejercicio (el intelectual "orgánico"). Pero lo que es esencial tanto en el fascismo como en el bloque histórico es el "contra"; el fascismo pone el adversario en el exterior, de allí su encuentro con el nacionalismo; el comunismo gramsciano lo coloca en el interior, en la forma de "viejo sentido común"; en suma, en el complejo de los hábitos intelectuales premodernos. Podremos decir que en los dos momentos de la revolución ulterior al marxismo-leninismo hemos tenido la sucesión de un nacional-fascismo y de un radical-fascismo. Nacionalismo y radicalismo son posiciones políticas opuestas; la oposición toca el límite cuando sobreviene en el mismo horizonte, y es entonces cuando el fascismo se convierte en el sucedáneo del diablo, en un siglo en el cual tantos teólogos manifiestan creer tan poco en su existencia; algo de inaferrable y de proteico, siempre presente aunque esté escondido, susceptible de resurgir bajo las formas más diversas, etc.

---

de la Constituyente, pero no como un fin en sí, sino como un medio". Sobre este punto Gramsci muestra una insistencia inmutable de 1930 a 1937.

Hemos dicho que tanto el fascismo como la unidad antifascista son fuerzas políticas cimentadas en el "contra"; ahora uno puede preguntarse si por ser fuerzas "anti" sólo pueden desarrollarse como fuerzas disolventes de la realidad histórica en la cual actúan. La historia del fascismo propiamente dicho es la confirmación de eso; ¿cuál fue su resultado sino la disolución, operada desde el interior, de la nueva realidad histórica, fundada en 1861, que fue el Reino de Italia? Revolución disolvente es el término que mejor le cabe, como la revolución en la cual el momento constructivo de la nueva realidad se encuentra absorbido en el disolvente.

Si se plantea la pregunta a propósito del gramscismo, creo que la respuesta no da lugar a duda: es la continuación, con signos ideológicos opuestos, del mismo proceso disolvente. Una mirada dirigida a la situación moral presente nos persuade fácilmente de ello. Es indudable que para Gramsci el Orden nuevo no sería posible sin la nueva fe revolucionaria; el socialismo debe substituir al cristianismo, así como el cristianismo... sustituyó al paganismo. Veamos cuál fue el resultado de tantos años de predominio de la cultura gramsciana: se logró corroer de manera nunca vista en la historia italiana las antiguas fes, desde el catolicismo a la religión de la libertad, pero no fue capaz de sustituirlas con la nueva fe revolucionaria. En el ensayo anterior he hablado del pesimismo subyacente en la obra de Croce. Ciertamente, para vencerlo había comprometido todo su esfuerzo filosófico. La parte sistemática de su obra consiste en esto y pienso que se debe decir que pertenece irrevocablemente al pasado. Pero, en cambio, hay un Croce extraordinariamente actual, el Croce del pesimismo no superado, y que reaparece en el último período de su pensamiento, cuando advertía que vacilaba su esperanza en la continuación de la sociedad liberal 1871-1914, de aquel mundo cristiano-burgués, mediante la conciliación con el cual había creído poder superar el pesimismo. La capacidad de las antenas de Croce para captar ese clima era excepcional, y son pocos los espíritus que igualan al Croce del final en la descripción de aquellos momentos de la historia presente, que inducen a la tentación pesimista. Leamos, por ejemplo, su ensayo "L'Anticristo che è in noi", atendiendo a su fecha de publicación, 1946. Si hubo un año en el cual predominó el fervor de la ilusión de una nueva época, cuando la derrota del nazismo aparecía como el fin de la barbarie, fue justamente aquel. Croce estuvo entre los pocos que pensaron de otro modo: "[...] que la amenaza del Anticristo contra el Cristo se ha manifestado, me parece fuera de toda duda", y nos mueve a la pregunta de si hemos entrado en una época de barbarie "o en la más grave de todas en cuanto ha continuado o está a punto de continuar un desarrollo rico de la historia, especialmente de la europea". Nótese el uso del indicativo: la barbarie no era la huella que todavía quedaba del fascismo o del nazismo; según el tenor literal de este pasaje, la época del fascismo no era otra cosa que la introducción a una cercana época de barbarie. En los acontecimientos de la temprana posguerra, por ejemplo, "en la gélida indiferencia con la cual se asiste al aplastamiento de naciones y de Estados y a la expulsión de naciones enteras de sus sedes tradicionales y seculares", Croce leía que, en lo que atañe al proceso de barbarie moral, el fin del hitlerismo no había resuelto nada. Y con respecto a la disposición espiritual que continuaba avanzando escribía: "El verdadero Anticristo está en la negación, en el ultraje, en la mofa de los valores mismos, considerados palabras vacías, patrañas, o peor todavía, engaños hipócritas, para hacer pasar más fácilmente ante los ojos encandilados de los crédulos y de los tontos, la única realidad que es la avidez y la codicia personal orientadas todas hacia el placer y la conveniencia".[81]

Pero ¿qué otra cosa es esto sino la forma mental que antes he llamado ideológica, que conduce a ver en cualquier afirmación religiosa y moral sólo instrumentos de poder? ¿Podemos decir que esta disposición encontró un obstáculo en la reforma intelectual y moral gramsciana? La observación más somera muestra que, por el contrario, se acrecentó desmesuradamente. Ante cualquier tesis filosófica o religiosa la primera pregunta que se plantea no es si es o no es verdadera (el sentido de la verdad está opacado) sino "qué hay detrás", qué intereses y qué avidez de poder disimula.

La reforma gramsciana cumplió la función de "productora de descreimiento" en un proceso que, si puso en crisis las fes religiosas adversarias, terminó con hacer lo mismo con la propia. La raíz teórica primera de esto reside en la disolución de la filosofía en ideología. Si se quiere hablar de un "sentido común" hay que reconocer que no podía asumir otra forma que la que, justamente ha asumido: la dilatación extrema de la mentalidad ideológica en el sentido de inclinación a ver todo en términos de instrumento de acción (de poder); como bloqueo a cualquier fe, esta disposición no puede dejar de quebrantar y finalmente disolver la misma fe revolucionaria. Y esta mentalidad corresponde exactamente al Anticristo del que hablaba Croce. También podemos hablar de triunfo de la razón instrumental. El destino del marxismo es hacer de transición al positivismo y al cientismo; lo que ya había ocurrido en el siglo pasado se repite, de manera extremadamente agravada, hoy.

No obstante la perfecta lealtad intelectual de su creador, el gramscismo se revela como una suerte de composición equívoca de negativismo extremo y de conservadorismo; como versión revolucionaria del historicismo comporta la negación más radical de toda huella de valores absolutos, permanentes, metahistóricos; pero lo que no niega es la continuidad "moderna" con la burguesía. El resultado del gramscismo y del eurocomunismo no puede ser otro que transformar el comunismo en un componente de la sociedad burguesa hoy completamente desacralizada, o actuar para su definitiva desacralización que se corresponde con la intención profunda del espíritu burgués.

No sorprende por eso si el comunismo italiano aparece hoy como *la fuerza más adecuada para mantener el orden en un mundo en el cual toda religión ha desaparecido; no sólo la religión católica, sino también todas sus formas inmanentes y seculares, entre las cuales está la fe en el comunismo.* La insatisfacción sincera de los revolucionarios encuentra su justificación. Es cierto

---

[81] *Filosofia e Storiografia..., op. cit.*, pp. 313-319.

que el comunismo gramsciano puede tener éxito, pero haciendo exactamente lo opuesto de lo que proponía. ¡Algo distinto de esa unidad del bloque social basada en una filosofía convertida en "religión", una "fe", de la cual Gramsci hablaba en un famoso pasaje mencionado más arriba!

La falta de fe había tenido una ejemplificación clásica en el "hombre de Guicciardini" descrito por De Sanctis en aquel famoso ensayo que estaba siempre presente en la mente de Gramsci. Sería una de las tantas singularidades de la historia, si la revolución total tuviese una de sus salidas en la adecuación del italiano al hombre de Guicciardini, es decir en la tumba del Resurgimiento. Sería, exactamente, lo contrario de lo que Gramsci se proponía. Piénsese a la oposición que establece entre el Maquiavelo "político en acción" que quiere crear nuevos soportes de fuerza y el Guicciardini "diplomático" que sólo puede moverse en la realidad efectiva, porque su actividad específica es la de "conservar dentro de ciertos marcos jurídicos un equilibrio existente".[82] Tal vez, el Parido Comunista Italiano sustituye (debe sustituir) la continuación de Maquiavelo, hasta el límite, pensada por Gramsci, con la continuación de Guicciardini –o, mejor, de Guicciardini como lo veía De Sanctis–, hasta el límite.

La realidad política efectiva ofrece, entonces, la confirmación de la imposibilidad de dar una solución a la antinomia teórica de la que he hablado antes; esa imposibilidad es tal que inhibe una adhesión racional al pensamiento gramsciano desde cualquier punto de vista, tanto del revolucionario como del socialdemocrático, del liberal como del religioso-trascendente. Si, por lo demás, nos fijamos en los intelectuales, encontramos una confirmación ulterior; en efecto, debemos preguntarnos si el pensamiento de Gramsci no fue aceptado por razones conservadoras, en virtud de una herencia que se quiere conservar; si se mira bien, se trata de una "conservación de negaciones", que críticamente no pueden ser justificadas, pero que no se quieren poner en discusión. Piénsese, por ejemplo en el fenómeno del "crociogramscismo" académico, por el cual muchos intelectuales adhirieron a la cultura gramsciana en cuanto se presentaba en relación con la cultura crociana o idealista en general, en términos no de negación sino de verificación. El gramscismo les pareció el "permiso revolucionario" de conservar hábitos intelectuales que el pensamiento de la historia presente debería inducir a poner en discusión, como aquel por el cual el curso histórico del pensamiento es pensado como proceso irreversible hacia el inmanentismo radical, de donde la justificación del rechazo apriorístico, que justamente se trata de salvar mediante la adhesión a la forma gramsciana del marxismo, del pensamiento metafísico-religioso-trascendente. Piénsese además en los fascistas de izquierda (es decir, provenientes del ala más totalitaria del fascismo) que quisieron conservar su juicio negativo con respecto a Italia anterior al fascismo. O también en las vanguardias literarias o artísticas, observando que las formas de la vanguardia que Gramsci habría aborrecido más, avanzaron bajo la pantalla, al menos protectora y

---

[82] *CC*, 5, 31.

defensiva, de su pensamiento. No continuemos con este discurso demasiado fácil, que puede encontrar un desarrollo para nada trabajoso por parte de quien dirija una mirada desapasionada a la situación cultural italiana.

Vuelvo ahora a una pregunta que habíamos encontrado en el curso de este ensayo, sobre la importancia del caso Gramsci para definir el significado del totalitarismo. Hemos visto que las interpretaciones pueden reducirse a dos, completamente opuestas e irreconciliables: la de la permanencia, en una sociedad ya secularizada, de arquetipos sagrados, y la de la fase última del secularismo. Pienso que el estudio de Gramsci es decisivo como factor en favor de la segunda solución: no creo, en efecto, que exista un texto mejor que los *Cuadernos de la cárcel* para esclarecer los pasos necesarios del proceso a través del cual el pensamiento revolucionario debe llegar a "suicidarse" en el totalitarismo. Texto tanto más interesante porque su autor, si poseía plenamente la mentalidad revolucionaria, era del todo ajeno a la mentalidad totalitaria, (en el sentido corriente del término); ahora bien, como se ha visto, su pensamiento se hace totalitario, justamente en el esfuerzo por teorizar el paso a una completa secularización de las mentes. Su estudio sirve además para disipar la ilusión liberal-socialista que, si fue propia del antifascismo de los años '30, todavía perdura. Lo que necesariamente debe ocurrir no es ya la conciliación del liberalismo con el socialismo, sino la del comunismo con el orden capitalista-burgués, y en la forma de totalitarismo. El cual no puede ser dicho de izquierda o de derecha, porque, si es verdad que representa la forma más conservadora y opresiva que jamás se haya dado, no se debe olvidar que tiene su origen en un proceso coherente, cuyo punto de partida es el pensamiento revolucionario.

Si admitimos esto, se abre otra perspectiva más importante: la diferencia entre la intención y el resultado que existe en la obra de Gramsci, ¿no nos hace pensar en Vico y en el significado literal que este asignaba a la *Ciencia nueva* como refutación de la posibilidad de una "ciudad de los ateos"? ¿El secularismo de Gramsci no parece ilustrar de modo más preciso el fenómeno ilustrado por Vico, por el cual en el mundo actúa "una mente frecuentemente diferente y a veces completamente contraria o superior a esos fines particulares que esos hombres se habían propuesto", de tal modo que las acciones humanas llegan a fines distintos de los perseguidos? ¿El trastrocamiento de las intenciones gramscianas en la tentativa de construir la ciudad integralmente secular no parece evocar la teoría de Vico sobre la Providencia? Que no se trata de una idea extravagante lo demuestra el hecho de que, en otra época, Croce se había encontrado con Vico en un proceso de pensamiento que se había iniciado con la crítica del marxismo: ¿no nos dispone esto a pensar que en la crítica del marxismo el encuentro con Vico es necesario? Ciertamente, Croce pensaba vencer al marxismo dentro del horizonte de la inmanencia, e interpretaba a Vico en el sentido inmanente. Pero se ha visto, un poco más arriba, que la crítica de Gramsci a Croce y las que pueden ser dirigidas contra Gramsci desde un punto de vista crociano son igualmente válidas, de modo que la crítica del marxismo implica la del inmanentismo. En este caso el Vico que uno encuentra introduce a la tradición a la cual realmente pertenece. La resignificación de la historia de la filosofía se convierte en el primer problema de la política de hoy, para que el político se convierta realmente en el Político en el sentido platónico, corrector de un mundo imperfecto, que ha llegado a ser tal particularmente por algún error de la cultura, cuyos efectos hemos delineado.

Apostilla

Los muchos escritos provenientes del lado comunista que han aparecido en ocasión del cuadragésimo aniversario de la muerte de Gramsci han insistido sobre la necesidad de una lectura "política" y no abstractamente filosófica de los *Cuadernos*, como condición para entender la actualidad. Es decir, si el problema específico de Gramsci es el de la transición de un Estado dominado por la clase burguesa a aquel en que la función hegemónica es ejercida por la clase obrera, sus "arreglos de cuentas" con los filósofos deben, sin duda, ser reconocidos, pero interpretados en el horizonte de un problema predominante y más amplio. Esto es lo que, empero, se habría olvidado con demasiada frecuencia y se habría así caído inevitablemente en la inserción de su pensamiento "en un marco de categorías y de contenidos que se constituyen –esto me parece lo decisivo– dentro de la forma moderna del 'pensamiento filosófico', dentro del carácter lineal del movimiento de idea a idea", en un "discurso que reconoce rupturas sólo internas a un proceso que se desarrolla en un único plano".[83] Es un error que agruparía a los que tratan de conciliar el pensamiento gramsciano con la cultura liberal-democrática y aquellos que lo critican en nombre de la idea revolucionaria. Los primeros dirigen su atención a las tesis que se apartan de la letra de Marx y de Lenin, los segundos, justamente en razón de esta diferencia, hablan de una "involución idealista" teórica, a la cual correspondería en la práctica la disolución del pensamiento revolucionario en una posición radical-democrática genérica. Prueba del carácter común de su error sería el carácter fundamental que ambas interpretaciones asignan al ensayo de Norberto Bobbio de 1967.

¿Se trata de un giro que invalida mi interpretación? Puede parecerlo; en efecto, es extremadamente fácil emparentar la perspectiva que he propuesto con una o con otra de las líneas antes mencionadas. Todas las tesis de la segunda han sido aceptadas, pero con un añadido que modifica completamente su sentido: Gramsci buscó realmente llevar hasta sus últimas consecuencias el pensamiento revolucionario, en la línea leninista que hace que no se confunda en absoluto con el extremismo; el trastrocamiento que se produce no es consecuencia de una falta de rigor sino, al contrario, propio de una coherencia llevada al límite. El pensamiento revolucionario está vinculado filosóficamente –y éste es el sentido de la última y celebérrima tesis de Feuerbach, según la cual los filósofos sólo han *interpretado* diferentemente el mundo, pero se trata de *transformarlo*– con la oposición de filosofía de la praxis y filosofía

---

[83] B. De Giovanni. "Crisi organica e Stato in Gramsci", en el vol. *Politica e storia in Gramsci*. Atti del convegno internazionale di studi gramsciani. Firenze, 9-11 dicembre 1977. Roma, Editori Riuniti, 1977.

especulativa, pero si esa oposición se lleva hasta sus últimas consecuencias, como ocurre en Gentile,[84] se tiene el trastrocamiento de la revolución en su opuesto; y en la demostración inconsciente de este pasaje está la "verdad filosófica" de Gramsci. Con esto se reconocen, al mismo tiempo, la verdad y el límite de la interpretación liberal; en Gramsci se da el momento totalitario, pero no como permanencia de un momento arcaico; él *se encuentra* con el totalitarismo, como hemos visto, en la tentativa de alcanzar el punto extremo de la modernización y de la secularización, y, por eso, hay que hablar a su respecto de un totalitarismo no eliminable.

Puede parecer, entonces, que mi interpretación asuma todos los defectos de la resignificación "idealista" o abstractamente filosófica, del congelamiento del pensamiento gramsciano en un formulario filosófico, etc.

Pienso, en cambio, que incluso la eventual aceptación del nuevo criterio de lectura (después de todo, ¿es nuevo? La imposibilidad de desarticular el pensamiento filosófico y el político en Gramsci es tal que no se ve cómo los comentaristas han podido apartarse de ese supuesto con tanta frecuencia) no debe llevarme a cambiar ni siquiera una coma, y que es fácil aducir, de manera sumaria, la prueba de ello.

En efecto, veamos. Si la temática de los *Cuadernos* concierne esencialmente al aparato hegemónico del Estado burgués y al modo en que se puede trascenderlo, entonces, para un revolucionario, que pensaba en los inicios de los años treinta, el problema del fascismo asumirá un relieve esencial. Por lo demás, una cita precisa de Gramsci lo testimonia: "En la Europa de 1789 a 1870 se dio una guerra de movimientos (política) en la Revolución Francesa y una larga guerra de posiciones desde 1815 a 1870; en la época actual la guerra de movimientos se ha dado políticamente desde marzo de 1917 hasta marzo de 1921 y le ha seguido una guerra de posiciones cuyo representante además de práctico (para Italia), ideológico, para Europa, es el fascismo".[85] Por esto, en cuanto tuve entre mis manos el volumen en el que fueron reunidas anticipadamente algunas de las ponencias presentadas en el Convegno internazionale di studi gramsciani desarrollado en Florencia en el pasado diciembre,[86] mi atención se dirigió al ensayo de Luisa Mangoni, "Il problema del fascismo nei *Quaderni del carcere*", en el cual se analizan muy cuidadosamente las pasajes atinentes al fascismo.

Muy acertadamente, Mangoni muestra que el punto esencial de la interpretación gramsciana del fascismo está en su asociación con el concepto de "revolución pasiva" o "revolución-restauración", del cual depende, según su opinión, la correspondencia,

---

[84] En este sentido me parece que está orientada la más reciente crítica gentiliana. Por ejemplo, el ensayo de Carmelo Vigna. "Gentile interprete di Marx" (en *Il pensiero de Giovanni Gentile*. Atti del Convegno tenuto in Roma il 26-31 maggio 1975, vol. II, p 894) se lee: "Pues bien, una vez que *se ha admitido el carácter absoluto del horizonte de la inmanencia, Gentile es la verdad oculta de Marx*: la salida más coherente del marxismo debería ser el actualismo, según la interpretación que Gentile esboza justamente en ocasión de la lectura de las Glosas" (las cursivas son del texto original).

[85] *CC*, 4, 130.

[86] En *Politica e storia in Gramsci...*, *op. cit.*

en las nuevas y diferentes condiciones históricas, del fascismo con lo que en la época del Resurgimiento había sido el liberalismo moderado y conservador; y que este tema se aclara en él por las reflexiones a que había dado origen la lectura, realmente determinante de la crociana *Storia d'Europa*.[87] En lo cual no puedo dejar de ver la confirmación plena de mi tesis del carácter decisivo de esta lectura, en reacción a la cual Gramsci estableció una continuidad entre jacobinismo y comunismo por un lado, moderación y fascismo, por el otro. Dado que el fascismo sería la continuación después de la revolución rusa del liberalismo moderado y conservador, se sigue que en la posición de Croce frente al fascismo hay que distinguir entre un rechazo moral, destinado a quedar como puramente ideal, y un consenso efectivo, político e histórico, según el conocido pasaje: "Podría ser una de las tantas manifestaciones paradójicas de la historia (una astucia de la naturaleza para decirlo con Vico) ésta por la que Croce, movido por preocupaciones determinadas, llegase a contribuir a un fortalecimiento del fascismo, proporcionándole indirectamente una justificación ideal después de haber contribuido a depurarlo de algunas características secundarias de origen superficialmente romántico, pero no por ello menos irritantes para la compostura clásica de Goethe".[88]

El fascismo es, en suma, el correlato de la "reforma reaccionaria" del hegelianismo que aparece como la justificación ideal de la "revolución-restauración"; de un modelo político que, como antítesis a la revolución soviética, manifiesta su carácter regresivo. Por cierto Croce se opuso al fascismo, porque para él la historia es "ético-política", lo cual lo lleva a "mantener una distinción entre sociedad civil y sociedad política, entre hegemonía y dictadura; mientras 'la unidad en el acto' da la posibilidad a Gentile de reconocer como historia lo que para Croce es antihistoria", pero con el resultado de poner "la fase corporativa-económica como fase ética en el acto histórico: hegemonía y dictadura son indistinguibles, la fuerza es consenso sin más: no se puede distinguir la sociedad política de la sociedad civil; existe sólo el Estado y naturalmente el Estado-gobierno, etc."[89] A esta altura no parece que la nueva lectura no añade mucho a lo que ya se sabía.

Se podría dirigir la atención a la conexión que se establece entre la crisis del modelo de la restauración-revolución, como consecuencia de la revolución rusa, y el punto último del carácter regresivo del cesarismo. Si el cesarismo "expresa siempre la solución 'arbitral' –confiada a una gran personalidad– de una situación histórico-política de equilibrio de fuerzas de tendencia catastrófica",[90] y si puede cumplir una función progresista y regresiva, entonces, el fascismo representa el momento extremo del cesarismo regresivo, en razón de la absoluta oposición de las fuerzas antagónicas. Ahora bien, ¿ese cesarismo podía realizarse de otra manera sino

---

[87] *Ibid.*, p. 392.

[88] *CC*, 4, 129.

[89] *CC*, 3, 18.

[90] *CC*, 4, 102.

a través de la "personalidad solipsista" de Mussolini, de la cual he hablado? Aún cuando no se pueden encontrar en las páginas de Gramsci indicaciones explícitas al respecto, me parece, sin embargo, que esa tesis converge con su visión.

Pero lo que sobre todo importa observar es que el ensayo de Mangoni, aunque esmeradísimo, termina exactamente donde comienza el mío sobre Gentile y Gramsci; y, en lo que concierne al mayor énfasis puesto en la ruptura que en la continuidad en el caso de Croce, es la confirmación de aquello. La validez relativa de la nueva lectura de Gramsci, contiene la crítica de las interpretaciones que quisieron ver en su pensamiento la mezcla de elementos marxistas y elementos idealistas, cuando, en realidad, como hemos visto, no se puede hablar de mezcla, sino de coherencia última de la filosofía de la praxis.

Impreso por TREINTADIEZ S. A. en 2020
Pringles 521 (C1183AEI)
Ciudad Autónoma de Buenos Aires
Teléfonos: 4864-3297 / 4862-6794
editorial@treintadiez.com